Nicholas Barnett

7 BUSINESS HABITS
THAT DRIVE HIGH PERFORMANCE

高绩效组织
的7个习惯

[澳] 尼古拉斯·巴内特 —— 著　　范晶波 赵薇 孙雨 —— 译

地震出版社
Seismological Press

图书在版编目（CIP）数据

高绩效组织的 7 个习惯 /（澳）尼古拉斯·巴内特著；范晶波，赵薇，孙雨译 .-- 北京：地震出版社，2020.12

ISBN 978-7-5028-5170-5

Ⅰ.①高… Ⅱ.①尼… ②范… ③赵… ④孙… Ⅲ.①组织管理学 Ⅳ.① C936

国版本图书馆 CIP 数据核字（2019）第 287043 号

Nicholas S. Barnett 7 Business Habits that Drive High Performance
ISBN978-0-9875429-5-3
Copyright © Nicholas S. Barnett 2014

著作权合同登记　图字：01-2020-4895
地震版　XM4539/C(5889)

高绩效组织的 7 个习惯

［澳］尼古拉斯·巴内特　著

范晶波　赵薇　孙雨　译

责任编辑：李肖寅

责任校对：王亚明

出版发行　**地 震 出 版 社**

北京市海淀区民族大学南路 9 号　　邮编：100081

发行部：68423031　　68467993　　传真：88421706

门市部：68467991　　传真：68467991

总编室：68462709　　68423029　　传真：68455221

证券图书事业部：68426052　　68470332

http://seismologicalpress.com

E-mail: zqbj68426052@163.com

经销：全国各地新华书店

印刷：北京柯蓝博泰印务有限公司

版（印）次：2020 年 12 月第一版　2020 年 12 月第一次印刷

开本：880×1230 1/32

字数：120 千字

印张：6.75

书号：ISBN 978-7-5028-5170-5

定价：55.00 元

谨以此书献给 Insync Surveys 的员工，

感谢他们在帮助客户实现可持续高绩效时投入的热情。

社会各界的赞誉

高绩效的业务部门有如下特点：员工参与度高、客户净推荐值高、承包商满意度高。根据领导力调查中员工的评估结果，这些业务部门的领导者业务能力都非常出色。他们领导的部门销售业绩高、生产效率高、员工流动率低。他们都践行了七大商务习惯。因此，您要想提高部门的绩效，一定要践行这七大商务习惯。

——澳大利亚国民银行总裁　彼得·艾奇逊

这本书及时提醒人们，经济学是以人为本的学科。它强调要对企业中人为因素的重要性时刻保持警惕，这也是企业经常忽视的。书中论据来自一线核心数据，因此，它值得我们细心研读。

——著名作家、学者　罗纳德·D. 弗朗西斯[1]

所有商业领袖都必须熟知这七大商务习惯。于我而言，从中学到的最宝贵的东西便是——成功的动力不是来自其中一个或几个习惯，而是来自所有七大商务习惯。唯有如此，领导者才能提高绩效。

——德勤咨询公司合伙人　凯蒂·麦克纳马拉

我与尼古拉斯·巴内特相识多年，坚信他有能力发展自己的事业，并使自己的组织成为高绩效的成功组织。以我的亲身经验，《高绩效组织的7个习惯》中的内

[1]　著有《管理科学》（与S. 莫斯合著）、《亚太地区领导力》（与A. 阿姆斯特朗和IN. 穆恩约翰合著）和《澳大利亚商业道德：实用指南》。

容对企业经营者来说大有裨益。

保持股东收益可持续发展的关键在于合理使用人力资源。在任何组织中，员工都是推动实现高绩效的关键因素，无论是在内部生产力还是在客户满意度方面。尼古拉斯的这本书框架结构简单，便于各级领导领会并遵循价值观、行为准则和最高标准的道德规范，理解并制定真正的愿景，激励团队，提高绩效。我在诸多大型企业任职所获得的管理经验也证实了本书的核心：依赖员工，才能真正成就大事业。

尼古拉斯·巴内特的新书《高绩效组织的7个习惯》非常值得一读。本书框架结构非常简洁，指出最重要的习惯是践行宏伟愿景。每个人都希望在领导的带领下，坚定目标，走向成功。本书恰恰证实了这一点。其他几个习惯则体现了组织员工管理和客户服务的精髓——组织经常遗忘这些经验教训，它们有时过于看重数据，自负情绪占了上风，事后追悔莫及。本书最后总结说，组织内有简单和清晰的完备体系，可谓幸事。本书结论与我们研究所的研究结论高度一致。让这些习惯成为现实，是我们未来工作努力的方向。

——澳大利亚人力资源研究所总裁兼主席　彼得·威尔逊

幸运的是，必和必拓的公司章程提供了让所有员工实现卓越绩效的条件。同样幸运的是，我们发现公司的服务对整个行业来说意义重大，它改善了数百万人的生活，促进了全球经济的发展。领导者欲获成功，需要充分发挥团队的力量。《高绩效组织的7个习惯》指导组织制定强有力且清晰的愿景，营造以共同价值观为支撑的友好环境，从而走向成功。组织坚持践行这七大商务习惯，将培养出值得信赖的领导者——他们会备受尊崇和支持，是企业制定愿景的最佳人选，进而满足每位员工的个人需求，让每位员工都能做出有意义、有价值和可持续的贡献。

——必和必拓总裁　凯伦·伍德

致　谢

　　我能够写就本书，完全得益于众多亲朋好友的支持、建议和鼓励，在此表示诚挚的感谢。

　　本书和我的处女作《如何为组织导航：激励员工和团队的GPS原则》，都是与家人通力合作而写就的作品，对此我备感自豪。大女儿伊丽莎白完成了本书的所有插图，设计了封面字体，并给每个章节编了号。儿子安东尼设计了本书的封面和版式。小女儿萨拉无数次帮我打印稿件。

　　在我写书的这12个月时间里，妻子丽莎给予了诸多支持、鼓励，让我能够全身心投入本书的撰写中。她永恒的爱、独特的视角和敏锐的直觉提高了我的写作效率，也提高了本书的质量。

　　特别感谢Insync Surveys公司，不仅感谢它支持我写作本书，还要感谢它为我提供了构成本书基础的重要研究资料。感谢莉莉·艾薇斯科、劳拉·巴克、劳拉·戴顿·史密斯、伊娃·瓦森博士，他们或主动参与研究，或为研究提供帮助，或读后提出修改意见。感谢劳拉·查普曼每周来看我，特别感谢她在我写作的早期阶段帮助我落实我们共同制定的项目计划。在我撰写本书期间，她还帮我分担了许多重要的行政事务。

感谢我的执行助理玛格丽特·罗杰斯。感谢她帮助我多次将文稿录入电脑，调整篇章结构；感谢她在过去的12年里一直提供的细致服务，做我的知己和顾问，出色地完成了各项工作。

特别感谢史蒂夫·克利福德、西蒙·巴奈特等，他们阅读本书并给出了建议。感谢斯蒂芬妮·朗特里和路易丝·斯弗兰德出色的编辑工作。感谢肯·布兰查德和蕾妮·布罗德韦尔在本书写作的后期阶段提出的宝贵建议。

感谢彼得·艾奇逊、罗纳德·弗朗西斯、凯蒂·麦克纳马拉、乔治·萨维德斯、迈克尔·乌尔默、彼得·威尔逊和凯伦·伍德，感谢他们审阅本书并不吝赞美。感谢布莱恩·麦克纳米为本书撰写精彩的推荐序。

我相信只要在领导团队和组织的过程中，真正践行书中提到的七大商务习惯，您便是真正的赢家。

最后，由衷感谢Major Street出版社的莱斯利·威廉姆斯，感谢她的鼓励和建议，感谢她帮助出版本书。

23年来，我在全球领先的生物技术专业公司联邦血清实验室（以下简称CSL）担任首席执行官兼董事、总经理。《高绩效组织的7个习惯》与我的亲身经历完美呼应，因此，我十分荣幸能为本书作序。在CSL工作期间，信息传递简明化一直是我不懈追求的目标。本书恰恰传递了一条简明的信息——若要提高组织的绩效，请采纳并践行这七大商务习惯吧！

领导者事务繁忙，在思考问题或采取行动时通常都有自己的一套体系、方法论，或者几条重要原则。高绩效组织的7个习惯是正确对待员工和发掘员工潜力的重要原则：习惯一、二从赋予意义、目标以及激励员工入手，清晰地传达了组织战略和目标；习惯三、四、五要求以员工为本，为组织增添动力；习惯六确保组织坚持以客户为中心；习惯七让整个系统在不断优化后更加流畅。

领导者投入了大量时间、金钱和精力，希望为重大项目制定出稳妥的计划。组织习惯和组织文化事关战略执行的效果，但大多数组织的领导者没有花足够的时间去斟酌、讨论、制定计划，做出相应的改变。本书为组织的首席执行官及其执行团队构建了一个简洁的框架，确保其养成正确的商务习惯，创建合适的企业文化，带来企业经营的高绩效。

这七大商务习惯中的每一个都在上百本书中零星出现过，尼古拉斯及其团队的大量研究表明，它们内在联系紧密，不可分割，是区别高、低绩效组织的重要依据。尼古拉斯指出，不能把这七大商务习惯视为自助餐，仅选择自己偏爱的；也不能浅尝辄止，坚持一个季度就放弃。领导者只有将七大商务习惯融入企业的生存方式，才能提高企业经营的效益。

布莱恩·麦克纳米博士

本书告诉读者，董事、首席执行官、执行团队和组织本身具备大幅提高效益的潜力。领导者只需自省一下是如何对待组织里数量最大、价值最高的资产——员工的，就能发现，虽然许多人声称员工是最珍贵的资产，但很多时候领导者的行为传递出了截然不同的信息。

每个组织都有能力提高效益，包括那些处于领先地位的组织，绩效较低的组织进步空间更大。许多组织需要培养书中提到的七大商务习惯，并将之深刻融入它们的文化和基因之中，直至这些习惯成为组织的新生存方式。

使绩效保持长期增长的主要动力来源于辛勤工作的员工，他们为实现组织目标，心甘情愿地付出更多精力，提高自身专注度与紧迫感。而坚持践行七大商务习惯，就是提高员工专注度、紧迫感和努力程度的关键。

不能粗暴地强迫员工努力工作，这样做很可能适得其反。在强大的压力之下，员工不可能好好工作，也不可能主动投入更多精力。

一家信息技术招聘公司的时任首席执行官、领导团队像我一样，积极践行本书倡导的七大商务习惯。5年内，这家信息技术招聘公司增收十多倍，达3亿多美元。大约1/3的增收来自公司收购，其余则来自热情上进、倾情投入、干劲十足的员工们，他们主动投入更多的精力，一心想把公司打造成澳大利亚信息技术招聘行业的领头羊。我敢肯定，如果其不曾践行七大商务习惯，组织的收益和增值远远达不到现在的水平。

作为Insync Surveys的首席执行官，我和我的团队有机会帮助几百家组织评估并提高员工参与度、领导力和绩效。我遇到过来自高绩效组织和追求高绩效组织的卓越领导者，也遇到过一些不愿意改变自己和组织习惯的领导者——他们要么安于现状，要么认为问题出在员工身上。

最让我钦佩的是那些真心实意关心员工和组织所在社区的领导者。那些员工会真诚地回应领导者。这些真诚的领导者的视野并不局限于尽可能创造收益。他们相信，只要组织实现了宏伟的愿景，提供与众不同的产品和服务，不断追求卓越，盈利便会如期而至。

我有幸邀请到澳大利亚最优秀、最受尊敬的首席执行官布莱恩·麦克纳米博士为本书作序。他曾成功促使CSL于1994年在澳大利亚证券交易所上市，将近20年后，他以首席执行官兼董事、总经理的身份退休。在他的领导下，CSL一跃成为全球领先的生物技术专业公司。CSL的股价涨幅是标普澳大利亚证券交易所100工业指数涨幅的2.5倍，年均增长率累计比一般公司高出5%，比低绩效组织高出10%。

七大商务习惯非常值得采纳。高绩效与低绩效组织之间差异显著，从长期来看尤为如此。在年均绩效和组织价值方面，如果两者存在7%的差值，10年后，高绩效组织的收益将比低绩效组织多出一倍。

践行七大商务习惯的益处不胜枚举，包括改善组织工作环境，提高员工参与度和留任率，提高顾客忠诚度和对外宣传力，提高生产力、创新力、组织弹性和变革能力。以上因素的作用相互叠加，会使组织的绩效稳步提高。

我希望本书能帮助读者锻炼思维，为读者注入新的动力，出于组织、员工和自身的利益考虑融入并践行这七大商务习惯。

本书内容及其重要性

是否希望了解自己所在的组织可以通过采取哪些主要措施提高生产力、绩效和盈利能力？是否想知道是什么造成组织的绩效有高低之分？低绩效组织需要采取哪些主要措施来提高绩效，开启高绩效之旅？高绩效组织应该在哪些活动中投入更多精力，进一步提升绩效？以上重要问题的答案尽在本书中。

在前途未卜或发展停滞时，许多组织会选择裁员、物业外包、重组、削减或避免可支配支出和资本支出，千方百计地削减员工成本及其他成本。除非削减重要的组织产能，一般情况下组织往往无"费"可减。其实，组织还可以采取另外一种方式：改变一些习惯，以大幅提高生产力和绩效。

这本书指出了区分高绩效组织和低绩效组的主要因素——习惯。真正的习惯之所以成为习惯，在于其已经深深融入组织的文化和基因中，在于其已经成了组织的生存方式。

七大商务习惯又称七大组织习惯，包括以下内容。

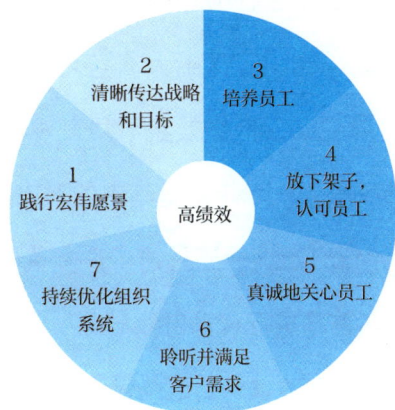

七大商务习惯的具体内容

高绩效组织的领导者将七大商务习惯应用到自己的组织，落实到每个环节。无论情况如何，无论处境好坏，他们都积极践行这些习惯，并不遗余力地创新方式方法，以诠释这些习惯并将其付诸行动。他们将追求持续高绩效视为永无止境的旅程。

10万名员工不可能出错

本书的大量研究数据来自200多个不同组织的10万名员工的观点。Insync Surveys组织了这项调查研究，认真分析调查结果，总结出了这七大商务习惯。有关研究方法的详细信息以及高、低绩效组织员工观点的令人惊讶的差异，请参见附录一，特别是其中的对比图。

另外，Insync Surveys还采访了许多董事、首席执行官等，其中10名首席执行官来自参与此项研究的绩效较高的组织。书中的实用建议来自这些受访者。

高绩效非一日之功

与低绩效组织相比，高绩效组织收益更高，可以用于再投资、提高产能的现金流更多，且收益会越来越多。低绩效组织收益则会减少，可用于再投资的现金流也会减少。如果低绩效组织面临亏损，现金流就会断裂，甚至会资不抵债，最终不得不倒闭。

如果两个组织位于同一起跑线，高绩效组织的年收益往往超过低绩效组织，两者的最大差距可达30%。虽然前者绩效仅比后者高7%，但是大约10年后，前者的收益将是后者的两倍。由此可见，提高绩效至关重要，从长期来看尤为如此。

践行七大商务习惯还有很多好处，它们相互联系，可以增强高绩效带来的累积效应。这些好处包括改善组织工作环境，提高员工参与度，降低员工流动率，等等。敬业的员工将会主动投入更多精力，致力于实现组织目标。员工留任率越高，员工流失成本就越低；员工参与度越高，工作时间越长，客户忠诚度和推荐度就越高，生产力水平和创造力水平也就越高。组织还将增强弹性和变革能力。这些优点相辅相成，可以进一步提高绩效。

企业、公司和组织

本书内容适用于致力于实现既定目标的所有团体，包括"企业""公司""组织"。在特定情况下，"企业""公司""组织"这三个概念可以互换使用。

七大商务习惯相互关联，不可分割

在保持高绩效可持续发展方面，七大商务习惯相互关联，不可分割。大量研究结果表明，七大商务习惯是一个整体，是区分高、低绩效组织的主要依据。

如果有领导者认为可以仅践行一个或几个习惯，而非全部七个商务习惯的话，他可能会大失所望。不完全地践行七大商务习惯，会使组织绩效无法得到真正的提升。同样地，如果有领导者践行了全部七大习惯，但仅浅尝辄止，一段时间后就转移了注意力，那他同样会大失所望。只有将七大商务习惯全部融入组织，并不断优化践行方式，组织才有可能实现可持续的高绩效。

与大多数提升绩效的方法相比，将七大商务习惯融入组织成本更低，负面影响更小。除了能够降低成本之外，将七大商务习惯融入组织，使之成为组织的生存方式，还能增强组织的凝聚力，改善组织的工作氛围，提高员工参与度。这样一来，员工会在工作中主动投入更多的精力，增加专注度，生产力水平和绩效也将随之提高。

领导者要做到言出必行。如果领导者没有坚持采用、践行并带头遵守七大商务习惯，那么它们在组织中将无法起到推动作用。领导者必须真心实意地采纳这些习惯，坚信践行这些习惯能提高绩效，而且明白践行七大商务习惯是所有员工都应该做的事。

组织习惯，而非个人习惯

史蒂芬·柯维曾写过一本很棒的书，名为《高效能人士的7个习惯》。这本书广为流传，成千上万的读者靠它提高了个人效率。

柯维先生着眼于个人必须培养的习惯，以帮助读者提高效率，在各种竞争中脱颖而出。年轻人可以通过阅读柯维先生的书尽早培养出良好的个人习惯。践行这些习惯可以提高各个方面的效率。无论是个人生活、家庭生活、工作还是社区生活，都是如此。柯维先生的书表明了什么样的个人习惯最能区分个体效率高低。

本书则介绍了七大商务习惯，以区分高、低绩效组织，为低绩效组织指明了改进方向，即低绩效组织应当践行什么样的习惯，以提高效率。本书也为中、高绩效组织指明了方向，即中、高绩效组织应当如何深入践行七大商务习惯，使之成为组织的强项，以确保高绩效持续发展。

组织由员工构成。七大商务习惯是不可或缺的，是所有员工的工作方式。首席执行官和领导团队率先践行七大商务习惯，员工也严格遵守，这些习惯一定能够深深地融入组织的结构和文化之中，成为其生存方式。

注重社会价值领导力和卓越管理

传统的领导理念认为，领导者的首要目标是提高生产力水平、绩效和利润，为股东谋取利益。这导致许多领导者一味追求财务收入，轻视了这样做的代价。这份执迷不悟与领导者的价值观和对个人利益的追求有很大关系。有人认为，这种自私自利的做法是造成全球金融危机的原因之一。

实现社会价值领导的前提是组织获得社区的认可。因此，领导者需要高度尊重员工、客户和其他利益相关者（包括组织所在社区）的权利，保证其尊严。他们必须确保实现组织的宏伟愿景（习惯一），并制定出有价值的目标，而非不计后果地追求利润。通过阐明战略和目标，将个人目标与组织目标相联系，领导者将权力交到员工手中（习惯二）。领导者的首要任务是培养、认可和关心员工（习惯三、四、五）。

领导者认为自己和组织有责任提高价值观、行为和道德的标准，他们的领导将改变组织文化，激励员工遵循这些高标准。七大商务习惯对于发展和维护高尚的社会价值观至关重要。如果精神层面的领导力不强，组织可能面临声誉受损和倒闭的重大风险。安然公司、亚瑟安德森、澳大利亚HIH保险公司和雷曼兄弟公司等的破产都证明了这一点。

注重社会价值的领导力是卓越管理的基本要素之一。卓越管理要求董事会确保高尚的社会价值观在组织文化中深深扎根，也要求实现宏伟的愿景，制定和传达清晰的战略和目标。身为组织最高层的董事会负责制定较高的诚信、绩效和风险管理标准，并将其自上而下传达到组织内部。

董事会还负责监管组织文化，确保营造合适的组织文化氛围。这要求董事会定期监督七大商务习惯的融入和践行程度，进行员工评估和客户调查等。其还应制定恰当的行动计划，适当利用资源，实施改进措施，以推动组织改革。

并非速成法

如果有人仅仅使用本书中的一个或部分习惯，将其作为速成法，以激励员工为组织奋斗，或者并非真心实意地认可这些习惯，只是渴望提高组织绩效，那么，他所付出的努力可能会适得其反。不能把七大商务习惯当作自助餐，仅选择自己喜欢的；也不能浅尝辄止，坚持一个季度就放弃。若您无视以上忠告，通过提高绩效给组织带来诸多好处的希望就会落空。

领导者如能积极采纳本书的框架、原则、案例和实用建议，员工一定会注意到这一点。领导者必须言行一致，员工也会以领导为榜样，支持并践行七大商务习惯，与领导和组织一起，开启高绩效之旅。

本书的受众

所有领导者，特别是有抱负的组织领导者都应该阅读本书。

本书提供了重要的框架、原则、案例和实用建议，以帮助组织开启或延续可持续的高绩效之旅。各种规模的组织都可以应用本书的内容。本书中的原则还适用于组织的分公司或业务部门。

本书内容也适用于政府组织以及非营利性组织。

如何高效使用本书

本书是领导者手册或用户指南，读者无须从头至尾翻阅，可以选择阅读与自己息息相关的内容。为方便选读，目录详尽列出了章节内容。但是，对读者来说，了解所有七大商务习惯的重要性以及它们之间的关系同样重要，因此通读全书将获得最大收益。

建议读者每年（最好在新年伊始）都阅读本书，以唤起培养良好习惯的兴趣。

本书与作者处女作的关联

作者的处女作为《如何为组织导航：激励员工和团队的GPS原则》。作为实用性指南，它帮助董事会、首席执行官和领导团队阐明组织的长期方向、目标和价值观，提高员工对组织长期方向、目标和价值观的支持度。它增强了组织实现战略计划和商业计划的专注度和紧迫感，向读者阐述了组织应如何制定、传达GPS原则（指导和定位原则），并将其融入组织的文化、信息传递和基因之中。

这两本书都指出，实现宏伟愿景，给予员工认同感和奋斗目标，对于激励员工和实现可持续的高绩效至关重要。这两本书强调了清晰传达与组织愿景相一致的战略和目标的重要性，强调了领导力的重要性，也强调了传达如何实现组织愿景、战略和目标信息的重要性。

目　录

目录

第一章

习惯造就文化

组织文化反映领导者的习惯

建设性的组织文化是能提供合理领导力和传递强有力信息的文化。人们普遍认为，营造并保持建设性的组织文化是董事会、首席执行官和领导团队的责任。没错，不是员工、客户或者别人的责任——是你的责任！

领导者应该负责建设组织文化，提高组织效益，拓宽员工视野。这种责任赋予了领导者权力，但也可能让他们心烦意乱。要是一切进展不顺，员工不愿意真正投入，或者工作环境中负能量太多，领导者很容易将责任归咎到员工身上或者归咎为其他原因。有多少董事听信首席执行官对时局艰难的抱怨，而不追问他们需要做出什么改变？有多少首席执行官遇到困难时从不反省自我？遗憾的是，这两个问题的答案是——很多、很多。

如果领导者的主要目标是尽可能多地赢利，聘用员工仅为挣钱，那么最终留下的员工也不会心甘情愿地为组织效力。从长期来看，领导者也就不可能完成经营计划。反之，真心希望打造高绩效组织的领导，要比那些只想赚大钱的领导更有可能完成经营目标，也更有可能吸引并留住那些以工作为荣，甘做螺丝钉的员工。保持盈利增长成了一项附带效益。

本书列出了七大商务习惯，如果领导者想打造有建设性的组织文化，保持高效运营，让员工对工作充满自豪感，就应该拥有并坚持每天践行这些习惯。

如果觉得组织当前的文化环境，员工工作方式不尽如人意，领导首先应该自我反省。组织文化是领导自身的愿景、传递的信息、价值观和行为的反映。

地理、文化背景、性格以及其他差异

员工的观念和行为难免会受到个人性格、成长环境、文化背景、宗教信仰、地理等因素的影响。个体是独特的存在，差异十分显著。不同国家的个体差异巨大，甚至同一国家中的不同地区也是如此。

建设性组织文化是实施战略的基础，而毁灭性组织文化会让优秀的战略流产。

与不同地区、不同文化背景、不同性格的员工共同打造建设性组织文化，是一项极大的挑战。有的组织只是让文化顺其自然地发展，有的组织则有意识地塑造组织文化，将与成功联系最为密切的特质融入组织文化中。显然，第二种做法更加可取。

建设性组织文化能将不同阶层、不同地区，甚至拥有不同时间理念的员工凝聚在一起。它像凝胶一样，确保大家拥有共同的愿景、目标、计划和价值观。如果组织明确、主动地将愿景、目标和价值观融入组织文化和基因中，就能培养出更具热情、更为忠诚的员工，无论员工本身的背景和性格如何。如果组织很少谈论愿景和目标，也不清楚组织重要的价值观是什么，那就更有可能吸引不够坚定的员工。如果组织文化建立在宏伟的愿景和明确的价值观之上，就能够像磁铁一样吸引同样受到该愿景激励，拥有同样价值观的员工，同时排斥那些志趣不同的人。

在新环境中开展业务或者整合新收购公司之前，董事会和首席执行官需要准确判断他们能否复制母公司的建设性文化；如果可以，还需要判断能复制到何种程度，需要多长时间进行复制。

主导文化和次级文化

多元化组织有自己的主导文化，是由总部或总公司制定的。多元化组织文化的核心元素一目了然，往往都是由组织的初始业务衍生而来。例如，开杂货铺起家的某多元化消费品零售商，宣称自己"本质上是个杂货商"。

多元化组织权力高度集中，共享资源，共用一套系统，其主导文化由中央辐射至外围，未必能够满足所有业务部门的最大利益。大型集团的非核心部门或外围部门的潜力往往无法完全发掘出来，除非解除与总公司的联系。

迪克·史密斯电子公司的出售就是一个很好的例子。它原先的总公司本质上是个杂货商——澳大利亚沃尔沃斯集团。收购迪克·史密斯的私人买家在第一年内就将其市值翻了至少五倍。这一迅速转变的主要原因是，迪克·史密斯摆脱了沃尔沃斯集团文化的沉重负担，发展出更加灵活、更富进取精神的文化。

强大的集团文化在发展新的分公司和分部时，能起到支持作用，帮助复制集团的核心竞争力。

选择开展多元化业务的公司一定要斟酌主导文化对新业务部门的绩效及盈利会造成什么负担。新业务部门会发现，建立自己的建设性文化和宏伟愿景，保持独特的同时又须与公司文化相协调，实属不易；更为棘手的是如何吸引和培养尽职尽责的员工，让他们为权力高度集中的组织的非核心业务部门工作；最为困难的是如何清晰地阐明新业务部门的宏伟愿景及其独特的文化价值观。

测一测 ---

1. 领导团队应该为拓宽员工视野和提高员工参与度尽多少责任？与团队成员达成共识。

2. 与领导团队讨论这个问题：为组织尽心尽力工作的员工是否占多数？给出理由。

3. 讨论组织文化中哪些因素有益于战略的实施，哪些会阻碍战略的实施。如果两者之间存在联系，请制定详细的计划，推动组织文化向积极的方向发展。

第二章
什么是高绩效组织

　　高绩效组织的定义多种多样。它们有的不考虑可持续性，只要短时期或经济繁荣时期达到高绩效状态即可；有的过分关注财务业绩，忽略与组织产能、声誉和可持续性息息相关的非财务政策。我们认为，高绩效组织的准确定义是"在五年或更长的时间内，财务和非财务业绩领先大多数同行，并致力于保持这一优势的位于行业前25%的组织"。

财务可持续性

　　私营公司的财务指标通常包括收益率、资本回报率和股东投资回报率。公共组织的财务指标通常是根据下拨资金等级，提供高效、高质量服务的数量。大多数人认为，提高组织绩效与实现更大收益息息相关。如果没有足够的投资回报，或者不能依靠运营维持正向现金流，组织就无法生存。

要想提高组织的财务业绩，就要降低成本，减少那些影响组织长期发展和未来盈利的一次性战略和活动。只有财务业绩长期领先同行的组织，才能被称为高绩效组织。

平衡计分卡

大多数高绩效组织认为财务数据只能反映过去，于是便引入了一种"平衡"观念。罗伯特·S.卡普兰和大卫·P.诺顿首创了平衡记分卡。他们认为，为实现持续高绩效，组织必须通过投资客户、供应商、员工及流程、技术和创新来创造未来价值[1]。平衡记分卡可以为内部业务流程和外部结果提供反馈，持续优化战略效果。

大多数组织一直使用平衡计分卡评估他们认为最重要的项目，以便清晰地评价过去、现在及将来的绩效。董事会、首席执行官和领导团队可以依靠这些手段监测

---

[1] 见罗伯特·S.卡普兰和大卫·P.诺顿所著《平衡记分卡：化战略为行动》（哈佛商学院出版社，波士顿，1996）。

战略计划和商务计划的完成情况。除了结算盈亏，这些手段还包括监测新项目进展情况、销售订单增长情况、客户满意度、应收账款周转天数、员工参与度、交易额、信息技术故障时间，等等。

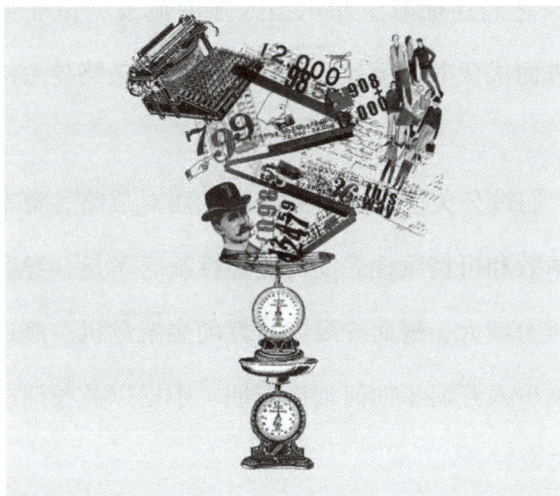

设置基准线并定期测量改进

非财务手段

高绩效组织是市场的领导者，它们生产率极高，不断扩大市场份额，还能为员工创造优越的工作环境，吸引他们每天充满激情地工作。它们是理想的雇主人选，千万精英都渴望为它们工作，它们靠人才赢得商业战。尤为重要的是，一旦吸引了顶尖人才，高绩效组织一定能够留住他们，从而进一步提高生产效率和创新能力。此外，它们还能减少知识型人才的流失，留住重要客户，进而优化其他绩效评估标准，包括最终盈亏结算标准。

人们过分关注短期财务效益，而对战略、资本、风险、绩效和可持续性之间的连通性缺乏考量，导致世界经济压力增大，进而导致全球性的金融危机。渡过危机后，不少人开启了如何创造短期、中期以及长期组织价值的讨论。

清晰传达创造长期价值的关键驱动因素的内容，能帮助我们解决组织战略、业务模式以及外部环境等问题，还可以解决组织文化、员工参与度、客户关系、忠诚度和推荐度等问题。践行七大商务习惯并将其融入组织，就能打造出弹性、变革能力强的组织文化，提高员工参与度，改善客户关系，提升客户忠诚度和推荐度。

领先指标和滞后指标

评估绩效的滞后指标在事情发生之后方能显示其作用。滞后指标是指在"明天"才能反映出"昨天"绩效情况的指标。滞后指标通常由已经寄送的发票、已完成的装运、已提供的服务、已付出的劳动、已使用的材料等组成。

领先指标则能通过评估流程、投入和活动来预测未来的效益高峰。领先指标通常包括询盘量、订单量、客户忠诚度和推荐度、员工一致性和参与度、原材料价格，等等。

滞后指标十分关键，所有组织都会对其进行测评。有的组织的测评更具综合性和分析性，有的组织则不擅长识别和评估重要绩效的驱动因素。确定了重要的领先指标之后，组织还需要对其进行定期测评监控，这也是许多组织不擅长的。

永无止境

实现高绩效之旅是永无止境的。不少组织都达到过高绩效状态，可是一旦开始骄傲自满，高绩效状态就会立刻消失。成功保持高绩效状态的组织总是不断提高标准，寻找自我创新和再创造的方法。它们不会吃老本，也不会让狂妄自大乘虚而入。当回顾过去的绩效，审核未来的计划时，它们总能保持积极的怀疑态度。

成功保持高绩效状态的组织能够将弹性和变革能力融入文化和基因中。这类组织的领导层和员工时刻关注外界变化——世界日新月异，全球化不断加速，竞争越来越激烈……他们明白这些会提高竞争标准，威胁当下的商业模式，他们明白必须尽快自我改变、自我创新、自我提升，这样才能超越竞争对手及外界环境变革的速度，从而立于不败之地。

高、低绩效组织的特质

有的人第一次走进办公室时，就能敏锐地感受到文化氛围。新员工能够轻松描述新公司的主要文化特质，以及新老雇主的差异；好的员工调查能反映出组织的文化氛围，也能在此基础上总结出改进意见。

不妨问问自己（或者求教别人）：能否用两三个词准确地描述出自己所在组织的组织文化？如果已经有了一系列极具代表性的特色词语，我们就能判断该组织是高绩效组织还是低绩效组织。下面是与上述两类组织相关的词语。

高绩效组织特质

可持续

伙伴关系

安全　强大

动力　建设性　透明

坚韧　合作　有干劲

节奏　专注　尽职尽责

考虑周到　真诚　高效　社区

高产　精力充沛　优越

热情　合适　活力　自信　坚持

多元　责任心　积极

原创　投入　规则　成长

严谨　创造力　勇敢　放权　主动

尊重　一致　果断　弹性

流通　改变

和谐　卓越　激励人心

表彰　感激　战略

诚信　专业　生机勃勃

领导力

低绩效组织特质

无差别

无权限　不公

性骚扰　分裂

停滞　沉闷　冲突　摩擦

被动　欺骗　冷漠　论资排辈

缓慢　恐惧　不良　破裂　随意

污泥　焦虑　虚弱　政治

冷淡　责怪　紧张　愤怒　悲观

不负责任　呆板　受害者　分心　无效

保守　沉重　沉闷　浪费　自我中心

沮丧　衰败

不协调　服从

短视　挫败　低产　不稳定

无精打采　脆弱　不信任

优柔寡断　游离

僵化　不一致

个人主义

测一测

1. 讨论自己的组织超越了多少竞争对手，两年内的绩效目标是什么。

2. 为确保均衡，使用财务和非财务手段来评估绩效。

3. 评估绩效时使用领先指标和滞后指标。

4. 意识到高绩效之旅是永无止境的。

第 三 章

习惯一：践行宏伟愿景

我们可以将习惯一（践行宏伟愿景）比喻为指南针。指南针能指明方向，但宏伟愿景不光能指明方向，还能给人早起的动力。它可以帮助我们接近目标。放在远处的"大磁石"是宏伟愿景更为贴切的比喻。

宏伟愿景描绘了辉煌的未来，每天都有人讨论、支持、参考和践行，因此员工受到愿景激励和吸引的程度会不断加深。组织愿景是如此鼓舞人心，以至于它在逐渐成为组织生存方式的同时，也会为组织创造动力。

员工受到吸引

宏伟愿景带来一切

德国哲学家尼采曾说："一个人知道自己为什么而活，就可以忍受任何一种生活。"宏伟愿景就是"为什么"。

附录一中的研究表明，高、低绩效组织之间最大的区别在于，员工对于高层领导团队制定组织愿景以激励员工的认知程度不同。员工不愿意做毫无意义的工作。他们希望成为创造价值并有独特成就的团队中的一员。践行宏伟愿景对于提高绩效和培养其他六大习惯至关重要，因而将其设为习惯一。

如果一个组织没有宏伟的愿景或更高的目标，员工就很难融入组织并与组织产生情感联系；如果工作只是为老板或股东尽可能多地赚钱，没有多少员工会积极工作。

组织愿景关乎自身，而非全球

我们的研究报告显示，超过10万名员工认为高层领导团队为组织制定的愿景激励了自己。精心设计的愿景会让员工清楚地了解，高层领导团队希望建立什么样的组织，以及组织将朝着哪个方向发展。像消除贫困这样的全球愿景是一项伟大的事业，但它不在组织的能力范围之内。组织的愿景需要在自身能力范围之内且切实可行，但也要具有一定的发展空间，因为组织愿景是一个长期计划，需要起到激励员工，帮助员工进步的作用。

支持消除贫困事业的组织可以这样制定愿景：成为本地区边缘人口的主要帮扶组织，或者成为用最新颖的方法帮助无家可归者解决问题的组织。不切实际或模棱两可的愿景将无法激励员工和增加员工的关注度。

共同制定愿景，而非领导者自行制定

如果领导者只是自行制定并公布愿景，那就不大可能获得员工的支持。澳大利亚一家大型上市公司的新任首席执行官直接公布了自己制定的组织愿景，他几乎不和高管讨论新愿景，或让他们参与新愿景的制定，更不用说基层员工了。也就是说，员工被排除在新愿景的制定之外。这样一来，员工便对组织的新愿景及新任首席执行官产生了不满。

随着线上论坛、调查和其他技术的发展，首席执行官没有理由不听取员工对于制定组织新愿景的意见和建议。正如一位高管所说："愿景的制定者不应该只局限于领导者，范围应该更大。倘若能得到所有员工的大力支持，就离实现愿景近了一步。"

让员工参与制定愿景需要花费时间，但是，相较于让员工直接认可、支持组织"单方面"出台的新举措或计划，花时间让员工参与制定愿景，提出建议，会更有意义。一旦愿景和价值观得到了员工的支持，领导者只需阐明新计划、举措和行动与愿景之间的一致性，员工就会大力支持这些活动。

情感与理智双共鸣

制定宏伟愿景时，要动之以情，晓之以理。许多领导者惯用左脑思考，逻辑缜密，思维理性，是天生的决策者；也有一些领导者情商不高，难以与员工产生深刻联结。他们倾向于相信冰冷的数字，认为理性论证才能让员工融入组织。

极具说服力的论证很重要，但与员工和其他利益相关者建立情感联系更重要。宏伟的愿景应该能让人心潮澎湃。在传达愿景过程中，选用什么样的文字和图像至关重要。比如，一个全球卫生组织在描述其目标时，特意选用了"减少不必要的痛苦"这一表述，而不是"改善健康状况"，因为它认为前者更能触动员工和其他利益相关者的情感。

引用现实生活中的案例是强有力的方式之一，能清楚地传达信息，让愿景更加生动。与呈现大量统计数据相比，它将产生更大的影响，唤起更深的情感，赢得更多的支持。正如一位高管所说："一旦员工为实现愿景投入了更多的精力，就会不畏艰险，专注于自己的信仰。"

愿景必须成为生存方式

要想让愿景鼓舞人心，切实地指导组织工作，必须使它真正融入组织的思维、计划、沟通和决策方式之中。它是其余一切的基础。

首席执行官和领导团队应定期参照组织的愿景，并将其与所有主要的新计划、决策和行动联系起来；应公开表彰上述计划、决策和行动产生的成果，将它们与组织的愿景联系起来，从而确保愿景、战略、业务计划和行动之间保持紧密联系。若能做到这些，愿景将成为所有员工的生存方式。

困难时期的坚实基础

攻坚克难之际，宏伟愿景是组织坚实的基础，是组织在危难时刻紧紧抓住的救生衣，是员工透过当前困境看到的美好未来。无论员工面临的是经济问题还是行业难题，愿景都将成为他们追寻的目标和努力的方向。

某组织的愿景是将业务拓展到全球。领导团队以极大的热情和坚定的信念传达了这个愿景。每当该组织奋力跨越障碍时，他们不断互相提醒要实现的是组织的全球化愿景。在几年的时间里，他们相继解决了许多问题，战胜了许多挫折，击败了许多竞争对手，首席执行官始终没有偏离轨道，将愿景铭记于心。尽管面临诸多困难，但该团队已经学会了如何实现愿景，他们现在正走在通往高绩效的道路上。

千里之堤，溃于蚁穴

在传达、支持和带头实践组织愿景和价值观时，高层领导团队必须保持一致。如果领导团队不再团结统一，出现了裂痕，哪怕裂痕十分微小，也可能发展成组织结构中的鸿沟。领导团队中哪怕有一个人没有全心全意支持组织的愿景、战略和价值观，都可能会影响整个团队的精力、投入度和关注度，进而造成危害。

消极情绪再小，也可能传染他人。领导团队中的消极情绪可能会被无限放大。如果一个或多个领导者对组织愿景持消极态度，或不愿支持组织的价值观，会造成员工对组织愿景产生相同的负面情绪。这将削弱团队其他成员的工作热情和奉献精神。

领导者应该竭尽所能确保组织团结统一，防止出现任何引起嫌隙或带来消极情绪的人或事，打造一个高度团结和极具建设性的高管团队。

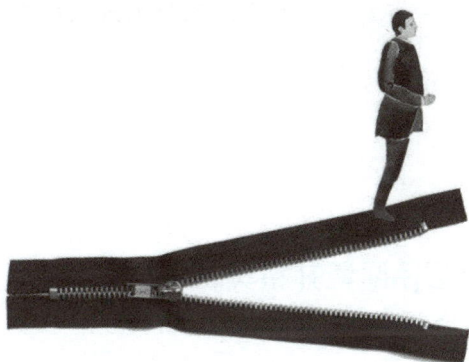

一个小裂缝可以变成一个大裂缝

愿景蒙尘

　　大多数40岁以上的员工司空见惯的是，组织的愿景通常被制成海报，挂在墙上积灰，其内容与组织的日常运营毫无关联。可见，将愿景转化为每个员工都能理解和支持的策略和目标，有助于实现组织愿景。

　　令人遗憾的是，许多组织的观念和方法仍然因循守旧，没能制定出令人信服和鼓舞人心的愿景、目标、战略和价值观。大多数组织的愿景陈述与其日常运营毫无关联，以至于首席执行官和领导团队可以数月都不参照组织愿景。一些大型上市公司都会出现这样的问题，更不用说中小型组织了。

如何制定宏伟愿景并将其融入组织

本章简要介绍了制定和实现宏伟愿景需采取的步骤。

我曾撰写过一本《组织GPS原则：如何激励员工和推动可持续高绩效》，旨在帮助董事会、首席执行官和领导团队发现、制定、传达宏伟愿景、目标、战略和价值观，并将其融入组织的文化和基因之中，使其成为组织的生存方式。

测一测

1. 让自己的员工参与到制定组织愿景的过程中来，他们才更有可能支持组织愿景。

2. 与员工一起制定宏伟愿景时，要动之以情，晓之以理。确定自己的组织愿景能唤起员工和其他利益相关者的情感。

3. 确保自己的组织愿景强而有力。找到一个具有参考性的案例以支持愿景，讨论它能否激励员工。

4. 定期参照组织愿景，并将其与组织战略、目标、项目和行动联系起来，以便将愿景融入组织，并成为现实。

第四章

习惯二：清晰传达战略和目标

　　员工应该对组织的主要战略和目标了如指掌。澳式橄榄球这个运动项目就是一个很生动的例子。如果把球踢进中央球门，且球在过线前没被手触碰到，就记进球一次，得6分。如果用手将球打入中央球门，或者球进了边球门，又或击中主门柱，得1分。如果球击中了侧门柱，或者没进中央球门、边球门，则算出界。这项比赛的目标就是取得比对手更多的得分。球员和观众都很了解记分规则。想象一下，如果有人拿走了主门柱或侧门柱，场面一定会变得十分混乱。毕竟，没有门柱，球员就不知道应该向哪里射门。

　　太多组织没有将清晰的战略和目标传达给员工，它们应该将"门柱"放回原位，让员工有目标可寻。

门柱指明了目标

明确的战略让愿景更生动

明确的战略会让愿景更加生动，为员工指明方向。

一旦落实了战略，组织就要朝着愿景不断前进。战略计划和愿景之间要保持高度一致。目标能增加必要的关注度和紧迫感，通过确定一定时间内需要完成的行动计划，帮助组织监督战略的完成情况。

组织战略就好比澳式橄榄球运动项目中的门柱，为未来二至五年的商业计划和组织活动指明了方向。组织的愿景就是远方的磁石，指引着组织的计划、信息传递和行动。一位首席执行官说："如果您不知道去往何方，就不要期望能快速到达目的地。没有清晰的战略，就成了庸碌之辈。"

回答关键性战略问题

许多战略计划没有处理好关键性战略问题，缺乏可信度和实质内容。这类计划也没有解释清楚组织如何与众不同以及为何与众不同。如果组织没有辨识度，就别无选择，只能加倍努力，实现目标。

以下是有待回答的关键性战略问题。

1. 与竞争对手相比，自己的组织主要以何种方式为客户提供更多价值？

2. 自己的组织的核心竞争力有哪些？计划如何利用它们？

3. 为何自己的组织能比竞争对手赢利更多，生产率更高？

4. 自己的组织如何从竞争中脱颖而出？

5. 自己的组织如何长期保持自身优势？

找到这些问题的答案，就能增强员工对组织战略计划的关注度，帮助组织脱颖而出，实现可持续发展。

一页纸的战略书

多数战略计划都有几十页纸，有的甚至长达几百页。但也有不少组织将愿景、战略、主要评估标准和活动方案浓缩成一页纸。如果不能将战略书浓缩成一页，或者不能简洁明了地解释战略内容，该战略就不能推动组织前进。与领导团队以及其他人共同将战略精简到一页纸，能帮助领导者更加明确情况，使其了解对组织而言真正重要的东西是什么。

简化主要目标和主要评估标准是很重要的，正如古谚所言："如果事事都重要，事事就都不重要。"

低绩效组织中，只有36%的员工认为组织明确传达了战略，而在高绩效组织中，这一比例达到了69%。员工需要知道组织力图实现的目标及其原因，这样才能明白个人为实现目标能做出什么贡献。

内部交流明晰度投资

多数组织花费巨额资金向潜在客户传达重要信息，这些资金被用在打造品牌、塑造形象，以及创作吸引潜在客户的文案上。

然而，几乎没有组织会花费大量时间和精力去创建或传达重要的内部信息，例如，组织的长期方向、目标、战略以及价值观。这可不是无关紧要的瑕疵。组织应当不断寻找新方法、新技术、新的沟通媒介，在内部传播组织的主要信息。这种投资绝对值得！

在传递战略的过程中，领导团队起着至关重要的作用。了解组织战略方向后，他们就能用自己的话语和案例向员工解释组织的发展方向。这是展现他们尽职尽责，鼎力支持组织战略的大好机会。

领导团队要落实上述措施，实施战略性沟通，明确沟通责任，与员工保持紧密且简洁的沟通。

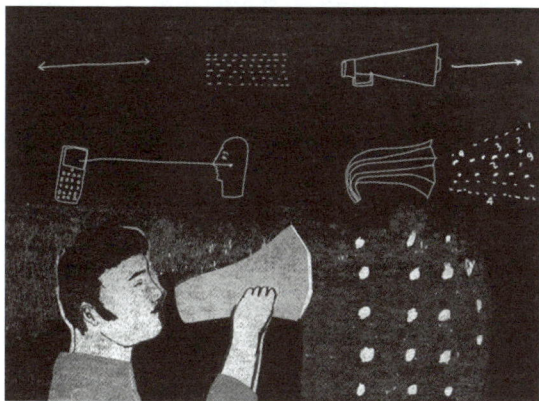

不断寻找新方法，传达组织战略

标语的力量——凝聚力量，增加关注度

创作宣传标语能够有效帮助组织传递明确的信息，向员工、客户以及其他利益相关者介绍组织产品及服务的独特之处。

澳大利亚国民银行之前的标语是"多给予，少索取"，传递出的信息是：该银行的贷款利率处于最低水平，并计划在中期内保持这一水平。标语一般出现在组织标识的下方，是标识的组成部分，能够起到强调的作用。Insync Surveys的标语是"激发变革"，这个标语是该组织评估和提高绩效水平的方法中不可或缺的一部分。

阿辛顿澳式橄榄球协会是澳大利亚澳式橄榄球联盟中最有竞争力的橄榄球俱乐部之一。它在2013赛季的标语是"不择手段"，这则标语向球员、球迷和其他人传递出的有力信息是，阿辛顿澳式橄榄球协会将会以前所未有的认真态度争夺冠军。然而，在阿辛顿澳式橄榄球协会被指控使用不正当竞争手段——使用违禁药物——

后，这则标语很快就销声匿迹了。"不择手段"不是一个恰当的标语，因为它向球员、俱乐部员工和其他人传递了不当信息。

标语、宣传语、口号和座右铭都可作为强有力的战斗口号，鼓舞组织的利益相关者，包括员工、客户、投资者，等等。标语的有效时间通常是三至五年，在确定新标语前领导者要清楚组织究竟想传递什么样的信息。除了发挥营销功能，标语还能揭示组织的核心和本质。

传达组织目标，建立计分卡

制定好战略计划后，领导者就应该将其转化成目标和评估标准，自上而下地传达给所有员工，以确保他们清楚自己能为实现战略和主要目标做出怎样的贡献。组织目标和评估标准中应当采用恰当的领先指标和滞后指标，并且以计分卡和跟踪系统的形式呈现，以衡量组织落实战略计划的进度。

某组织制定了整体目标后，又为每个团队分别制定了团队目标，为员工制定了个人目标，每个月都会评估组织、团队以及个人目标的完成情况。在月度领导团队会议上，组织会评估和监测目标完成情况，然后按季度将结果传达给董事会和所有员工。这种措施有助于大幅提高员工的一致性和参与度。

考虑风险

在完成战略计划和商业计划的过程中，会出现不计其数的风险。组织需要加以识别，并制定化解风险的战略。领导团队应该参与到风险识别和化解的过程中来，这会确保他们实时参与监控和应对风险。

针对不同的情境，制定不同的计划，必要时制定应急预案，以应对计划执行过程中可能发生的意外情况，这能保证组织成功应对潜在危机。

全球金融危机发生之前，许多组织认为，市场会一直繁荣下去，极少有人认真考虑或热烈讨论是否可能出现经济下滑的情况。若是有建设性的怀疑主义者能意识到未来可能出现的经济和竞争格局，就能够防止骄傲自满的出现，帮助世界经济增强韧性。

考虑实施战略的风险

测一测

1. 确保自己的组织能够处理好重要的战略问题，例如：为何自己的组织与众不同？如何保持这种特色？

2. 与领导团队一起将组织的战略和目标总结成一页纸的内容，向员工传达这份总结性内容，确保他们愿意接受。

3. 创作融合了组织产品或服务特点的标语，确保其中的信息在未来三至五年内适用。

4. 考虑战略计划的风险，为应对这些风险做好准备。

第五章

习惯三：培养员工

　　奥运选手坚持不懈地努力，为的就是突破人体极限。对员工而言，重要的是对自己的发展负责。习惯三主要是组织领导者的责任，领导者必须全力以赴并热衷于培养员工。管弦乐队指挥便是习惯三的最佳诠释。

　　波士顿爱乐乐团著名指挥家本杰明·赞德曾经说过："我视突破人类能力的极限为目标，而且绝不降低要求。我要让乐团成员都能充分发掘自己的潜能。"习惯三贯穿于赞德的日常生活，已经成为他生命的一部分。

　　高绩效组织都知道培养员工并将其融入组织文化和基因的重要性。培养员工的方式多种多样。高绩效组织在培养员工方面采取的举措包括让新任领导负责具有挑战性的特定项目，外调至其他业务领域，以及参加外部培养项目。虽然组织的培训和发展项目有一定的统一性，但统一的规则不可能适用于所有员工。包括外部资源在内的特定项目应各有侧重，培养不同主要部门的员工。在培养员工这一事业上，高绩效组织与像本杰明·赞德一样的人不谋而合。

让员工展现出最好的一面

选拔、招聘、培养、指导和支持合适的员工

董事会最重要的作用之一便是开展选拔、招聘、培养、指导和支持工作，以找到能够领导组织的最佳首席执行官。吉姆·柯林斯有句名言："把对的人拉上车。"[1]卓越的首席执行官知道，如果做到了吉姆·柯林斯所说的，他们将能够更好地实现组织愿景。他们意识

1　见吉姆·柯林斯所著《从优秀到卓越：为什么有些公司能飞跃向前，有些公司却不能》（哈珀柯林斯出版集团，纽约，2001）。

到，除了选拔和招聘工作，还需要培养、指导和支持最好的团队与他们并肩同行。

低绩效组织虽然关注选拔和招聘工作，却不重视培养、指导和支持工作。由于未能养成培养、指导和支持高层领导的习惯，低绩效组织可能会经常更换首席执行官和领导团队成员。如果高层领导没有带头优先开展培养、指导和支持工作，没有形成培养高级人才的习惯，那么组织就不可能建立起人才培养和支持的文化。

许多高管表示，他们负担不起培养员工的费用，因为许多员工在接受教育和培训后很快就离开了，所以这项投资往往得不偿失。这是典型的"半杯水"式观点，不利于培养领导人才和领导力。组织关心的不应该是"如果培训后员工辞职了会怎么样"，而是"如果不培训直接留下员工会怎么样。"

在一次圆桌会议上，我们的一位高管表示："当今商业竞争激烈，许多企业已经缩减规模，合理重组，并精简人员。组织需要做的不仅仅是生存，还需要繁荣发展和提高竞争力。培养员工是组织成功的关键。"

另一位高管表示："低绩效组织没有花太多时间在

员工身上。"

如果员工能力提升缓慢，大多数组织会选择解聘这些员工，转而招聘那些技术更为熟练，经验更为丰富的员工。一小部分组织会另辟蹊径，热衷于培养和发挥员工的最大潜能，解聘那些未能尽力培训员工的管理者，而不是听任这些管理者简单粗暴地解聘员工。

释放内在潜力

所有组织和员工都有巨大的潜力，只是有的尚未被发现、开发和利用而已。这些潜力像未被发现的富矿一样宝贵。不断释放员工潜力贯穿于高绩效组织的生命周期。

高绩效组织深刻了解自己的员工有什么样的才能和天赋，并让其最大限度地发挥。它们不会限制员工的才能，不会迫使员工循规蹈矩。在高绩效组织的文化中，管理团队赋予员工更多的权力，让员工能够做自己，发掘真正的自己，这已经成为高绩效组织的领导哲学之一。他们希望每位员工都能尽其所能，充分发挥个人潜力。

从领导开始

许多培养项目，包括领导培养项目，都过于关注技术能力，而忽略了行为能力。之所以会出现领导力不足的情况，就是因为某些领导行为不当、道德败坏。若要改进大多数的领导力培养计划，组织需要更加关注对行为能力的培养，因为这是良好领导力的必备要素之一。

组织最重要的投资之一是将人才培养成优秀的领导者。

高绩效组织清楚自己急需成熟的高绩效领导者。其深知，优秀的领导者能吸引和培养优秀的领导者，而组织永远需要优秀的领导者。优秀的领导者清楚要以多种形式持续培养员工的重要性。

如果领导者表明他们关注员工自身的发展，其他人会在他们的领导下，对自己的发展给予更多的关注，承担更大的责任。

在职培训被低估

研究表明，至少有70%的员工职业发展潜力来自在职培训。员工的职业发展，不仅体现在对日常工作越来越熟练，还体现在领导和同事的帮助下时刻准备迎接更大的挑战。通过实施部门间调任、工作轮换和海外任职等，员工的能力得到了拓展。这些额外的挑战拓展了员工的能力，确保其能力提升得更快，这是其他方法做不到的。

制定内外部培训体系的重要性在于保持和发掘每个员工的业务能力。由于高绩效组织高度重视人才培养，所以在内外部培训项目上，其设立了更高的标准，提出了更高的期望。高绩效组织将领导力培养的任务以及其他培养项目分配给人力资源主管，同时由经理负责确保员工培养工作按部就班地进行。

大部分员工的职业发展潜力来自在职培训

我们可以培养员工扮演多种角色的能力。如果员工具有多项技能，那么组织分配任务时可以灵活多变，进而降低成本。此外，在多数情况下，员工是否具有多项技能决定了留任率的高低。

职业发展道路

在员工培养方面，高绩效组织目光长远，为员工设计了结构完善的职业发展道路。在职业发展进入新的阶段之前，它们会为每位员工仔细勾勒必备的能力和技能蓝图。

针对有可能成为组织领导者的高潜力员工，高绩效组织设计了特殊的发展规划、计划和职业发展道路。高绩效组织高度重视继任计划和人才管理项目，这些特殊计划、项目由额外的财力支撑，是管理层关注的重点，受董事会监督。

为解决大多数组织中高层缺乏多样性的问题，越来越多的组织正在为其女性员工和少数族裔员工特别制定职业发展道路。许多组织开始明白高层多样性的重要性，知道需要将机会的天平向女性和少数族裔员工方向倾斜——几个世纪以来，多数西方组织一直偏向白人男性。

组织事务中的整体教育

没有多少组织会真正帮助员工了解自身的基本运作方式及推动成功的关键因素。

一些组织的员工培训，只是为了帮助员工了解组织的盈亏情况以及管理层在分配有限资源时遇到的挑战。

例如，某组织举办了一次研讨会，设计了一次市场营销活动，给员工100美分，讨论他们应该如何将这笔钱分配给产品开发、产品销售、营销和广告、技术、管理以及其他成本和利润项目。这种做法使管理层和所有员工对公司做出的优先选择，以及分配有限资源时面临的挑战有了更深入的了解。借此，员工可能会发现自己的工作更加充实。这会让员工更有价值。

与他人合作培养员工

许多组织热衷于培养员工，不断创新方式方法来发挥员工潜力。在业务不太繁忙时，一些组织会将员工借调给客户。一些组织会派员工去非营利性组织工作，丰富其工作经验。这些做法意义重大。

还有些组织鼓励员工担任非营利性组织或其他组织董事会的成员，这样可以使员工拓宽视野，获得丰富经验。许多组织还与大学和其他教育机构合作，互利共赢。

建立指导和培训体系

高绩效组织的员工了解自己的角色，拥有完成任务的能力。他们往往求知若渴。通常情况下，建立指导和培训体系可以满足这种渴望。在指导和培训体系下，资深员工会为经验不足的员工提供指导。一些组织还提倡和鼓励资深员工和高潜力员工主动接受组织外部人员的指导。许多导师都认可这种教学相长的模式。

一些组织更上一层楼，安排员工为学校校长、教师或当地社区重要组织的代表提供指导。这些组织发现，与社区等建立密切联系，并将其融入组织文化和基因是一项明智的投资，能带来长期效益。

指导和培训的文化对于受众而言，意义非同寻常；对于整个组织，能产生连锁效应，帮助员工建立紧密联系，相互理解关怀。这也是习惯五的重要内容之一。

测一测

1. 确保自己的领导团队能在认识上就培养员工的重要性达成共识。组织领导者应把培养员工视为一项事业。这样的领导者就是组织中的"本杰明·赞德"。

2. 从投资培养领导者开始，专注培养卓越领导者所需的行为能力。

3. 不断创新方式方法以培养员工，可以使用本章中的一些示例。

4. 建立指导和培训员工的组织文化。制定具体计划，以确保新任领导能够得到内外部人员的恰当指导。

第六章

习惯四：放下架子，认可员工

习惯四涉及各级各类的成就奖。领导者应该担起责任，每天多多褒奖他人。

我们都记得学生时代自己从学校带回奖品、绶带和证书向父母炫耀的样子。成为父母后，我们也都见证过孩子炫耀他们所获得的奖励。在向我们解释获奖原因时，他们感到非常自豪。这些奖章为我们的孩子创造了明媚的春天。

许多领导者已经失去了表扬员工，与员工一同分享自豪感和快乐的能力。这类领导不妨向幼儿园老师学习一下如何常常褒奖他人。

不吝表彰员工

一声"谢谢"大不同

一般来说，员工十分珍视别人的谢意（特别是来自组织和上司的）。没有什么事情比承诺感谢员工却做不到更让他们泄气的了。

高绩效组织中，超过半数的员工相信高层领导团队会放下架子，认可并感谢自己的贡献。低绩效组织中，有相同想法的员工比例只有高绩效组织的一半。令人失望的是，约1/3的低绩效组织员工不相信高层领导团队认可和感谢他们的付出，而这一比例在高绩效组织中低得多，只有11%。

如果仅考虑这个因素，高绩效组织的员工比低绩效组织的员工更有可能热爱工作，把当前工作当作理想的工作，主动付出更多精力来完成任务。

某组织极富竞争力，总是设立具有挑战性的目标。一次调查结果显示，员工认为自己完成了不少富有挑战性的既定目标，却没有得到应有的感谢和认可。为此，该组织开始实施一项重要变革计划，帮助要求严格、求胜心切的领导者和员工建立情感联系，让领导者学会经常向员工表达感谢和赞赏，而这种认可是无从替代的。

大胆制造惊喜

一次特别的表彰活动可能会带来前所未有的回报。多数情况下，得到的回报会是成本的好几倍。

某组织决定表彰首席财务官一直鞠躬尽瘁，辛勤工作。为了特别表彰他的付出，对他说一声"谢谢"，老板奖励他和妻子去度假村享受四日周末[1]游。五年后，首席财务官和其他员工仍会经常说起那次表彰活动，认为它贴心周到。

公开批评员工很不合适，组织领导者应该尽可能地创造机会当众表扬和赞赏员工。自然而然地表扬员工，而不是走形式，效果会更好。这适用于组织内各层级的员工。

1　四日周末（four-day weekend）：包含周末在内的连续四天假期。

将认可融入组织文化和基因

习惯三、习惯四和习惯五共同展现了高绩效组织的领导者在培养、认可和关心员工方面的重要作用，而低绩效组织的领导者更倾向于将员工当作劳动力。即使做到了提高员工参与度和生产率，改善工作环境并带来明显且直接的益处，高绩效组织的领导者依然会认可并感激员工的贡献，因为他们觉得这是自己应尽的责任。

优秀的领导者往往日常事务繁忙，但即使工作安排不过来，他们仍然会抽出时间，优先表彰和感谢员工。

领导者应该有意识地表彰和感谢员工的贡献，直到形成习惯。除了要花点时间，这件事几乎不需要付出其他成本。没有领导会因为过多地表彰和感谢员工而受到责怪。

看到领导者在百忙之中抽出时间表彰并感谢员工的贡献，组织的其他成员便会效仿。不久之后，表扬和感谢就会成为组织的文化及工作方式。

员工和团队表彰制度化

高绩效组织意识到了将表彰体系、表彰公示和表彰活动融入组织文化和基因的重要性。这样可以确保组织形成自己的风格，经常为员工举办公开表彰活动，向员工表达感激。各种各样的沟通交流活动可以以周、月、季度和年为周期举办。但是，领导者不应该认为有了这些常规表彰活动，就不需要对杰出员工进行特别表彰或特意道一声"谢谢"。

公司内部应将员工表彰体系制度化，同时应鼓励各部门建立并实行自己的独特表彰计划和活动。表彰员工贡献的活动和方法灵活多样，可以在员工的生活中扮演重要角色：各种周年纪念、生日、订婚、结婚生子等活动，组织都可以参与，而这只是一小部分活动。

团队表彰是表彰员工通力合作实现目标的一种方式。其用于表彰个体跨职能、跨部门互相合作，最终实现目标，是在以一种强有力的方式强调团队合作的重要性，有助于进一步将合作的价值观融入组织文化和基因。

批评员工时也应认可其优点

大部分领导者非常善于指出员工的不当之处和需要改进的地方，却很少有人愿意花费心思发现并认可员工的优点。我们需要改变这种工作观念和方法，只要下决心做出改变，很快就能实现。

肯·布兰查德和斯宾塞·约翰逊合著的《一分钟经理人》为商业领域做出了卓越的贡献。该书建议领导者在批评员工时要褒贬并施，认可员工的优点和潜力。一旦告知某位员工领导很看重他，他自然会努力工作。领导者可以指出员工工作上的不足之处和原因，然后告知他们，领导很看重并认可其潜力，希望他们未来能够做得更好。

此外，领导者应注意避免当众批评员工，或者当众指出他们的错误。私下告知员工，稍后单独沟通一下，这并非难事。注意，要尽快指出员工的错误！对员工来说，没有什么比事情发生一周、一个月甚至更长时间后才得知自己犯了错或做了不恰当的事更糟糕的了。

测一测

1. 计算一周内表扬或感谢不同员工的次数，包括私下表扬和当众表扬。制定计划，有意识地增加表扬的次数（比如增加一倍），关注随后产生的积极影响。不断增加表扬次数，直到成为习惯。

2. 领导者一旦体验到了上述一条中的益处，就要和团队成员共同支持这种方法，并鼓励他们多多表扬员工。

3. 将表彰体系、表彰公示和表彰活动体制化，认可并表扬员工的付出和成就，认可和表彰员工带头践行组织的价值观。

4. 不要把已开展常规表彰活动当作不给予员工其他表扬的借口，随时准备公开或私下表扬员工。

第七章

习惯五：真诚地关心员工

检验领导者是否真诚地关心员工，正如用烈火炙烤雕塑以检验质量。古罗马时期，许多商人会用蜡填补大理石雕像上的刻痕、缺口。当天气炎热时，蜡在裂缝里慢慢融化，裂缝和缺口便会暴露无遗。后来，买家找到了一个窍门，他们要求用烈火甄别所购买的雕塑是否是未经蜡补的上等品。同理，员工轻而易举就能辨别公司高层领导对他们的关心是真心实意还是虚情假意。

用烈火甄别雕像

务必真诚

员工在判断公司是否关心他们，是否真诚对待他们时，不仅会理性地思考，而且能感性地体会，然后做出反应。因此，即使公司奖励员工一份大礼或以其他形式感谢并表彰他们的付出，员工也未必视其为关怀。员工会揣摩公司的动机和意图："公司送礼物或表彰我，是真的关心我吗？或许这不是真正的关心，只是流于形式：送点礼物，安抚人心，然后继续压榨我。"

领导者和雇主要扪心自问是否真心关心员工。如果不是，无论怎样努力，都掩盖不了真实想法。真心是藏不住的，虚情假意迟早会露出马脚。请务必真诚！

互相关心

一些组织成功地建立了关心员工的文化，提倡相互关心。老员工对向他们汇报工作的同事给予真诚的关怀，关心文化就会扩散开来。

关心的范围非常广，从员工发展、工作参与度，到他们的个人生活，都可以是相互关心的主题。通常，一个人的工作与生活息息相关。对员工的工作与生活给予特别的关注，需要花点时间和精力。对员工表现出真诚的关心，帮助他们分担、解决一些他们尤为关注的焦点问题以及生活上的挑战，会带来意想不到的结果。

两位员工来自不同的组织，但受伤情况几乎相同。一位员工不停地收到组织的关心，询问他的近况。这种关心和关注几乎不花什么钱，该员工两周后就回到了工作岗位。另一位员工没有收到领导或同事的任何关心和关注，伤愈后没有回到公司工作。最终，公司付给他超过50万美元的财务补偿。

将关心员工注入组织的文化基因中

关心有多个维度

只做好一两件事算不上关心员工。关心员工是包含多个维度的全景式概念，能够反映领导者的核心意图和世界观。领导者是否真诚地关心员工，每个人都可以看得很清楚。关心员工有多种方式，譬如，主动倾听员工的心声并真诚地对待他们的意见。此外，员工能轻而易举地觉察到自己的意见是否受到重视。如果领导真的重视，就会定期给予建设性的反馈，确保他们的意见成为组织文化的重要组成部分。同时，领导还要确保建立有建设性的组织文化，鼓励员工真正发挥自己的潜能，充分发展自我。

领导要确保组织对霸凌和骚扰零容忍，平等对待每位员工，给予他们同样的尊重。一位女性高管曾受到霸凌和骚扰，她通过常规渠道反映这一情况，却没有得到任何支持，加害者未被惩罚。数月以后，她放弃了这份工作，没有丝毫留恋。组织已经了解到这起霸凌和骚扰事件，却无动于衷。那位高管据此确信，她的老板并不关心她和其他员工。最终，组织付出了惨重的代价，员工也受到了伤害，而这一切原本是可以避免的。

领导真诚关心员工的另一种方法是，保证员工平衡好工作和生活。在先进技术的支持下，新颖灵活的工作安排有助于保持这一平衡。这需要明确角色和目标，需要员工和领导者之间建立信任，这些恰恰是许多组织缺乏的。

处理好心理合约

要想正确理解员工和雇主之间的关系，心理合约是关键。心理合约指不成文的员工对雇主的心理期待，代表了员工认为自己的工作和忠诚应当得到雇主给予的某种程度的回报。如果员工认为心理合约已经失效，他们对雇主的信任和忠诚便会烟消云散。若是考虑不周，落实不到位，或是时机不合适，尤其是重大改革之际，员工和组织之间多年的深厚情谊就可能毁于一旦。

在处理心理合约的问题上，高绩效组织比低绩效组织要成功得多。高绩效组织的大部分员工（59%）认为组织关心他们，对他们负责任；而在低绩效组织中，这一比例只有33%。在高绩效组织中，有80%的员工愿意向家人和朋友推荐自己的公司，这种互利互惠的关系会不断发展；而在低绩效组织中，这一比例不足50%。

一些组织试图更高效地解决合约问题。他们让员工提供清楚的（文字）心理合约，而非模棱两可的（非文字）版本。这些组织非常谨慎地制定并记录员工的价值观念，以吸引最适合组织的员工。它们意识到，本组织的员工价值观念必须在所有维度上都凌驾于其他组织。正如它们严格按规则为理想的客户制定客户价值观念一样，它们也将相同的规则用于为理想员工制定富有竞争力的员工价值观念。

Insync Surveys在年度会议上制定了员工价值观念，其中的信息来自一次年度研讨会上员工的想法。员工价值观念如下。

1．我完成自己的使命，积极对待同事和组织。

2．我在专业的文化中工作，与同样热衷于帮助组织提高绩效的人共事。

3．在极具挑战和意义非凡的工作中，我懂得分享，知识、经验和技能随之得到提升。

4．经历了一系列跨部门项目后，我发展并拥有了富有创造性的开阔思维。

5．我可以灵活安排工作，平衡好工作与生活之间的关系。

6．我能得到同事的支持、指导和激励。

认为自己得到组织关心和重视的员工会超额完成任务，帮助组织走向成功。多数接受此次调查采访的首席执行官都明白，这是他们工作的首要任务——他们致力于关心员工，让员工协调一致地投入工作，以吸引更多客户，提高绩效。

适度批评并不是坏事

一位首席执行官分享了他刚上任时的故事。他批评一位员工发送了一封不恰当的邮件，而在他上任前，此类邮件是符合标准的。最奇妙的地方在于，犯错的员工只告诉了几个人，"规矩变了"的消息就在组织里不胫而走，甚至传到了位于其他地区的分公司。首席执行官并没有在公司范围内指出这个问题，新的文化规范就已经在那一刻建立起来，并延续下去。

这位首席执行官讲述这个故事的目的并不是刻意吹嘘自己设置了多么严格的要求，而是强调不敢设想如果自己没有批评那位员工，事态又会如何发展。他的不作为可能会向员工传递出错误信息。

防止前功尽弃

　　树立诚信形象要用一辈子的时间，摧毁它却只需要一瞬间。衡量领导是否关心员工同样如此。领导必须持续关注员工的方方面面，才能展现出对员工的关心。哪怕领导只是对一位员工言行不妥当，瞬间就会流言四起。这可能导致组织前功尽弃，员工时刻都在看着领导呢！

　　领导尊重员工，维护员工的尊严，原因并不是觉得员工在监视自己，而是因为做好这些事是自己的义务。譬如，解雇员工或高管时要谨慎，务必尊重他们，维护他们的尊严。理想的状态是，所有离职员工都能向别人称赞领导及组织。

　　近年来，许多组织发现，重组和降低成本迫在眉睫。需要注意的是，传递有关重组消息的方法，以及裁员方式，会对留下的员工产生重要影响。切勿因为一个糟糕的想法，或者不恰当的实施重组计划的方式，使组织一直以来的努力前功尽弃。

测一测

1. 真心实意地关心员工——要真诚。

2. 招聘和提拔能够协助组织完成使命且性格和能力与岗位匹配的员工，这样才能确保员工认可工作的意义。

3. 培养领导层，通过主动听取员工建议，关注员工想法，重视建立有建设性的文化规范和行为准则，建立起既有包容性又有建设性的文化。

4. 系统性地思考如何在组织运营和工作实践中灵活安排任务，使生产效率最大化，同时满足员工的生活需求。

5. 安排离职员工和其他困难员工时给予他们尊重，维护其尊严。

第八章

习惯六：聆听并满足客户需求

习惯六，就是要让组织耳听八方。太多的组织过于关注内部，没有用足够的时间接收竞争对手、客户或潜在客户给出的反馈。太多的初创企业将所有的资金和精力都用来建立一流的组织体系、流程、网站，却不关心潜在客户。许多组织之所以耗尽资本后破产，是因为它们没有从潜在客户身上获取建立成功组织的力量。

低绩效组织的董事会、首席执行官和高管不知道客户对其产品和服务的真正想法。高绩效组织能够敏锐地觉察到大部分客户的需求和愿望，并推出相应的产品或服务。为了提高生产力和推进创新进程，它们还积极听取客户的意见。

聆听并满足客户需求

客户至上还是员工至上

许多组织认为客户至上，并将其奉为首要原则；还有的组织认为利润和股东至上，客户第二，员工第三……这个话题值得领导层好好探讨。

利润和股东收益是实现宏伟愿景和富有价值的目标的附加产品，而非最终目的。组织要实施清晰的组织战略，以实现宏伟愿景，这样才能推动高绩效可持续发展，进而实现赢利。我们认为，只有培养并留住乐于投入的员工，赋予他们权力，才能提高其参与度和忠诚度。很多证据证实了这一观点。这也是习惯三、四和五排在习惯六之前的原因。

组织资金来自何处

高绩效组织对其战略和目标（习惯二）的内容及其

与众不同的原因有着更深入的理解。它们利用自身独特之处来吸引与之相契合的客户群体。它们了解吸引什么样的客户能获得最大利润，也知道自己的优势所在。高绩效组织会与最具有战略意义的客户建立密切联系，发展并利用自己的专业优势和核心竞争力。与低绩效组织相比，高绩效组织更加注重以客户为中心。

高绩效组织十分清楚自己的资金来自何处。它们知道自己的客户是什么类型的，自己的产品和服务是什么样的，自己的服务水平能达到什么程度，价格能给组织优势带来什么影响，以及能够带来最大利润率的因素有哪些。它们利用这些信息，创建自己的客户价值观念，致力于吸引和留住最有价值的客户。

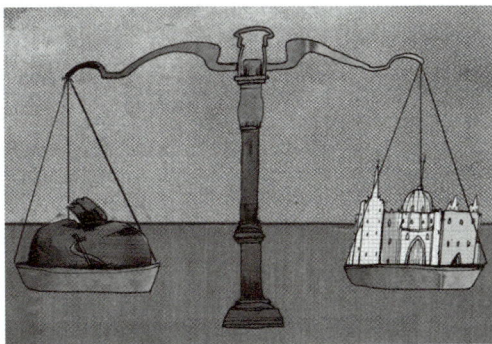

了解能为组织带来最大利润的客户、产品和服务

巩固客户关系，而非追求贸易往来

大多数客户计划的最终目标是与客户建立持续而稳固的关系，这可以提高客户忠诚度和推荐度。客户不仅会持续消费，还会向他人推荐组织，产生口碑效应。这与有些组织的俗套理念截然不同，它们仅仅将新客户视为潜在的一次性交易对象，很少会与之建立持续的客户关系，持续进行贸易往来。许多组织了解单个固定客户能带来的既定价值后，会更加关注如何吸引新客户并与之建立稳固的关系，以确保与这些新客户持续合作。

吸引新客户需要付出巨额成本，投入大量精力。对于许多组织而言，与新客户的第一笔交易的利润率可能会达到20%~50%。然而，只要新客户感到满意，就会成为回头客，继续订购产品或服务，那时就不需要付出像第一笔交易这么大的成本了。如果组织明白这样做的好处，并将其与组织运营联系起来，就会投入更多资金来建立更深层次的客户关系并服务好现有客户。

从满意到忠诚，再到主动推荐

高绩效组织中超过3/4的员工认为，他们的组织始终致力于确保客户长期忠诚，但低绩效组织中有这样想法的员工不到一半。如果低绩效组织没有给予客户忠诚度应有的关注，它们最终将无法生存。

相较于低绩效组织，高绩效组织在客户忠诚度方面付出了更多的努力，也更周到体贴。它们能从更长远的角度看待客户忠诚度。为了维持客户合作关系，它们会去了解客户，钻研如何更好地服务客户。它们明白，只有证明自己真正了解客户的需求，并能提供满足客户需求的服务，才能保持客户忠诚度和推荐度。这些客户很可能会为组织带来新客户。

建立以客户为中心的组织

以客户为中心的组织具有如下特征。

1. 为了了解现有和潜在客户的需求，它们投入了大量的资源和时间成本。随着交流合作次数的增多，它们自然能了解客户并建立起深厚的关系。

2. 它们系统地优化组织流程，请求客户进行反馈，并根据对客户感受的了解来改进组织运营实践，推出新的服务和产品。

3. 它们通过培养忠诚的员工队伍，了解客户及其需求，践行对客户的承诺，处理客户问题。

4. 它们投资了组织体系和操作实践，以便客户轻松办理业务。随着合作的持续，它们与客户的关系会更加深入。从满意到忠诚，再到主动推荐，客户对它们的态度实现了质的飞跃。

高绩效组织比其竞争对手更加了解客户，能将对客户的认识转化为组织战略，高效利用组织资源为客户提供高价值服务。高绩效组织专注于确保客户长期忠诚，而不是任由客户关系随意发展。

所有受访的首席执行官都将以客户为中心视为提高组织绩效的关键。他们通过多种渠道获取客户反馈。许多首席执行官花费大量时间与客户进行面对面交流。他们还通过确切的指标告知客户自己的服务水平，这些指标包括净推荐值[1]、客户满意度、客户忠诚度、消费金额、参与度和服务达标情况。他们还认识到，客户满意度的一个关键的决定因素是组织能赋予员工多少权力，以及员工会投入多少精力。

---

1 净推荐值（Net Promoter Score）是贝恩咨询公司创始人弗雷德里克·雷赫德提出的概念，是一种用于计量某个客户向其他人推荐某种产品或服务可能性的指数。

测一测

1. 确定组织应该吸引什么样的客户群体，提供什么样的产品和服务，才能获得最大利润，并付诸实践。

2. 确保组织具有切实可行的客户指标和高效的客户反馈收集、分析和处理流程。

3. 招募具有良好客户服务态度的一线员工，为他们提供合适的资源，并赋予他们权力以高效处理客户的问题，从而系统地提高组织的服务能力。

4. 确定客户的价值理念，绘制组织流程图，并去除那些对客户没有价值的流程，以便客户轻松开展业务。

5. 从满意到忠诚，再到主动推荐，让客户对组织产品、服务和员工的态度产生质的飞跃，应该是组织的目标之一。

第九章

习惯七：持续优化组织系统

太阳马戏团[1]的顶级表演很好地诠释了习惯七，因为该组织是系统和人员完美配合的绝佳案例。

许多组织的系统虽然耗资巨大，但未能发挥应有的作用。这是因为员工没有参与到系统制定的过程中来，认为没有必要制定新系统，或者组织没有在运行新系统后提供必要的培训和支持，导致系统实际效率远远低于预期。更深层次的原因是，组织没有调整其他系统、步骤和工作流程，以配合新系统。做好持续改善组织系统这项工作，就如同太阳马戏团不断改进表演动作，让观众感受到前所未有的愉悦和惊喜。这就要求组织根据客户的需求和愿望进行调整，并让员工参与到创新和改进的过程中来。

---

1 世界著名的加拿大马戏团和街头表演团体。

员工和系统协同工作，并不断得到改善

不良系统影响组织妥善完成其他工作

如果组织在其他六大商务习惯上投入了大量精力，却没有在习惯七上花费心思的话，它们就会发现，不重视组织系统会影响绩效和员工参与度。如果组织未能处理不良系统问题，员工就会逐步认定领导并不是真正关心他们。

当员工认为他们的组织致力于持续优化组织系统时，他们更有可能为之贡献自己的力量，以确保组织的工作流程尽可能地高效运行。组织为员工出色完成工作提供必要的资源，不仅能够提升员工的满意度与参与度，还能大幅提升生产力和客户服务水平。

高绩效组织能确保其系统符合目标的要求，并在提高生产力和客户服务水平方面发挥关键作用。高绩效组织中近75%的员工认为他们的组织致力于持续优化组织系统，而低绩效组织中有该想法的员工仅占41%。此外，高绩效组织中有59%的员工认为他们的组织中各系统相辅相成，运行良好，而低绩效组织中有该想法的员工只占28%。

不良系统阻碍了组织战略的实施。Insync Surveys的研究显示，只有不到50%的受访者认为他们最常使用的计算机系统能够顺畅运行。虽然绝大多数组织都清楚为员工出色完成工作提供合适的资源十分重要，但显而易见的是，现代信息技术系统成本高昂，技术复杂，有时会导致使用的系统与组织目标不完全契合。

虽然系统并不只限于信息技术系统，但是本章所指系统以信息技术系统为主。这是因为在21世纪，信息技术系统对保持组织绩效至关重要。

协调信息技术系统和商业战略

要想透彻理解组织的商业战略，并将其转化为一整套有助于实施组织战略的信息技术系统，丰富的技能和经验必不可少。如果一个组织能够协调好信息技术系统和商业战略，那么它的员工、流程和管理就能确保商业战略为信息技术战略提供具体信息，并有助于确保信息技术投资集中在最关键的业务流程和优先事项上。

由于信息技术管理不到位，一些组织内部不同层级的信息技术决策各不相同，导致许多引入的技术不协调，相互重叠。良好的信息技术管理可以确保整个组织的信息技术决策集中进行（比如由首席信息官或同级人员负责），同时允许地区分部在指定的框架内进行适当调整。

认识到旧有系统的缺点

随着业务的不断发展，许多组织多年来不断扩大信息技术系统的范围，增强其差异性和复杂性。多数情况下，这些系统以旧有技术为基础，而现在支持和升级旧有技术的难度越来越大。例如，许多银行的核心信息技术平台已有40多年的历史，升级的难度大、成本高。

为了逐渐推行更为灵活高效的新技术，许多领先的组织正在使用模块化方法。一些组织选择在全新的信息技术平台上构建新的业务部门，逐渐增加新平台上的业务，并将客户转移到新平台上。这样一来，旧平台上的业务数量逐渐下降，重要性慢慢减弱。

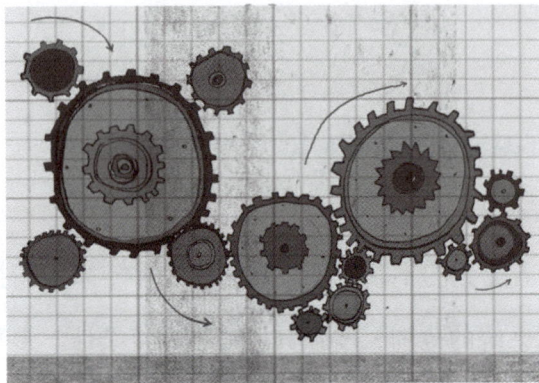

认识到原有系统的限制

循序渐进或一蹴而就

当员工和客户反映系统糟糕时，一些组织充耳不闻，没有在改善系统方面进行必要的投资。这类组织考虑改善系统时，一定会循序渐进地进行。另外一些组织很注意改善它们的系统，以便在效率和功能方面超越竞争对手，这类组织往往更倾向于进行巨大的系统变革。对组织来说，为了确定最合适的方式，明确的战略思维必不可少。摆脱现有系统的束缚，弄清楚哪些方面需要改进，对组织和员工大有裨益。

刚进入市场的新组织不会受现有系统和思维定式的束缚。管理人员需要同步新兴的商业模式和渠道，以确保他们的投资不会像车内的装饰一样好看而无大用。如果组织投资时只重点看当下情况，那么它们会发现，要想在投资新技术方面抢占先机绝非易事。投资新技术总有最佳时机，这需要绝佳的洞察力和视野，后知后觉的公司不计其数，比如柯达和许多印刷厂。

进入这些领域的新组织给现有组织带来了极大压力。管理人员必须确保他们的投资可以服务好顾客，并达到应有的效率水平，以保持竞争力。

安装新系统只是第一步

设计开发或者购买安装新系统绝非难事。组织要想使新系统高效地运行，就需要调整步骤、工作流程、员工行为和习惯。若某组织引入了新系统，却没有对其进行高效率整合，几年后便会被迫更换系统。这样一来，无论是在系统成本，还是重要员工的时间成本、机会成本方面，该组织付出的代价都是惨重的。这主要是因为组织没有采取必要的措施，让员工参与引进新系统，认可新系统的重要性和益处。

即使获得了员工的支持，一些组织也没能投入时间和成本，结合自身情况重新设计工作流程和步骤，以确保新系统高效运行，并与其他系统和流程融为一体，以满足组织的需求。还有一些组织认为，通过减少培训和扶持，可以在引入新系统后节省资金，但它们往往会在短期内感到失望，因为调整工作流程和步骤需要时间，充分利用新系统同样需要时间。

测一测

1. 不能因为未能持续改善组织系统，导致其他努力付诸东流。

2. 通过协调组织信息技术系统与战略优先事项，组织要明确地将信息技术与商业战略联系起来。为确保组织的商业战略与信息技术战略配合默契、相辅相成，组织可以考虑设计程序，并建立相关论坛。

3. 确保用户、一线员工等有足够的机会提出问题，并确保改善过的系统足以解决这些问题。

4. 通过与高绩效组织对比，评估自己的系统，以确保系统适用于自己的组织、商务战略和产业周期阶段。

5. 紧跟前沿技术，同步新兴商业模式，抓住机遇，超越竞争对手。不要滞后投资。

第十章

七大商务习惯紧密相连

七大商务习惯联系紧密

如前文所说，七大商务习惯紧密相连，相辅相成。如果只培养大部分习惯，而非全部，那么只能得到部分好处，放弃培养某些习惯会削弱整体效果。同理，对于这7个习惯，组织不能浅尝辄止，不可以有始无终。要养成习惯，只有重复和坚持，并结合组织自身情况创新方式方法，进而将每个习惯融入组织中。

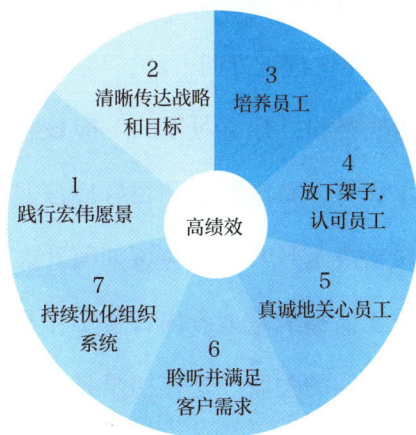

七大商务习惯的具体内容

习惯一、二是基础

对实现可持续高绩效而言，七大商务习惯中的每一个都必不可少。如果一个组织懂得下放权力，内部团结一致，清楚前进的方向及原因，以及哪种战略和目标是重要的，那么习惯一、二便构成了该组织的基础。这两个习惯会给予员工额外的关注点和力量，激励他们齐心协力完成工作。高绩效组织对目标的额外关注及付出的额外精力比低绩效组织多得多。在低绩效组织中，员工都把精力浪费在争论前进方向上。

清晰传达战略和目标（习惯二）应该和践行宏伟愿景（习惯一）保持一致。战略和目标应该非常清晰，清晰到员工能轻松决定日常工作应该如何开展才能推动目标的实现。员工能够清楚地看出日常工作与战略、目标以及组织愿景之间的关联。宏伟愿景是大家日常讨论的话题，总是和计划、目标以及日常工作联系起来，渐渐成了组织的生存方式。这些都是高绩效组织的特质。

低绩效组织无法实现宏伟愿景，也无法清晰地传达战略和目标。迷惑不解、方向不明、轻重不分，这些缺点充斥着整个组织，让有心奋进的员工感到无力。组织的基础很不牢靠，难以走向成功。

习惯三、四、五能够激发动力

这三个习惯建立在习惯一、二的坚实基础上，是激励组织向高绩效方向前进的动力。愿意培养和践行习惯三、四、五的组织，员工会更加投入工作，将更多的精力用于实现组织目标。反之，不愿意培养和践行习惯三、四、五的组织，员工更有可能消极怠工，在组织努力前进时成为绊脚石。

员工有理由期待领导者给予他们承诺，让他们在工作中学习和发展（习惯三），认可并表彰他们的工作成果和贡献（习惯四），真诚地关心他们（习惯五）。如果领导的关心超出了他们的期望，员工就会积极工作，报答组织。如果他们的期望没有得到满足，就会消极反抗。长此以往，组织就会陷入恶性循环，员工不会在工作中投入更多精力。

后三个习惯建立在前两个的基础之上，这五个习惯组成了一个强有力的整体。只制定宏伟愿景和清晰的战略目标而不培养习惯三、四、五，员工就会散漫无度，组织无法实现可持续高绩效；只培养后三个，放弃前两个，就不能形成有力支撑。

习惯三、四、五之间也有内在联系。有些组织可以培养出优秀的员工，却不擅长关心、感谢和表彰员工，这也会影响员工的积极性。事实上，能做到真诚关心员工的组织，比我们想象的要少很多。将习惯三、四、五融入文化和基因的组织，通常能够体会到这些习惯对生产力和绩效的推动作用。

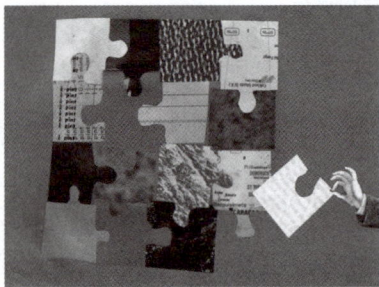

七大商务习惯联系紧密，配合巧妙

习惯六关注必要的外部环境

如果组织只采纳前五个习惯，而不聆听并满足客户的需求（习惯六），同样不能实现高绩效。许多低绩效组织的关注重点只放在组织内部，没有听取客户的观点、想法和反馈，不重视客户的需求，从而无法提高生产率，更无法实现创新。

相反，高绩效组织十分关注外部环境，并根据客户的需求和期望进行调整。它们在制定愿景、战略和目标（习惯一、二）时，充分考虑外部因素，其中包含适度考量竞争环境后制定客户战略和客户目标。组织里的敬业员工会以客户为中心，客户参与度和忠诚度会更高，从而进一步支持员工和组织。这种以客户为中心的理念层次较高，能够确保组织形成和优化自己的系统，更好地为客户服务。

习惯七润滑了组织运转的车轮

　　组织的系统和流程会影响每个部门的活力。好的系统和流程能让员工、客户和其他利益相关者的生活更加轻松。它们润滑了组织运转的车轮，减轻了摩擦，确保一切顺利进行。相反，没有什么比糟糕的系统和流程更让员工灰心丧气的了。糟糕的系统和流程不但不能润滑组织运转的车轮，还会增加阻力，甚至可能变成组织绩效下滑的导火索。

　　各习惯相互依存，相互补充。即便仅仅缺少其中一个习惯，也会使其他习惯的积极影响减弱甚至消失。如果某组织没有持续优化组织系统（习惯七），践行前六个习惯产生的效果也会大打折扣。员工会产生疑问：他们使用的系统和流程因循守旧、缺乏整体性且与组织目标不契合，领导者是真的关心他们吗？如果不坚持优化系统，员工会怀疑组织朝愿景前进的能力。

测一测

1. 与领导团队讨论：七大商务习惯如何紧密联系？

2. 如果习惯六或习惯七的融入程度不及其他习惯，其他哪些习惯受到的影响最大？

3. 让领导团队承诺培养七大商务习惯。

4. 收集并学习典型案例，分析为何培养七大商务习惯对建立高绩效组织如此重要。

5. 与员工分享上述案例，以便在进一步培养和践行七大商务习惯时获得他们的支持。

第十一章

为何投入成本与精力

是否值得

对来自约200个组织的10万名员工的调查研究表明，七大商务习惯是高、低绩效组织之间的主要区别。倘若您渴望踏上高绩效之旅，请践行这七大商务习惯。

高绩效带来的好处只会增多，不会减少。组织提高绩效带来的额外回报可以用于再投资，进一步提高组织产能。组织一旦成功了，对经营节奏的把握就会越来越好，动力也会越来越足，从而进入良性循环。相反，组织用于投资员工、客户和系统方案的资金链断裂，低于平均水平的绩效带来的负面影响只会增多，不会减少。低绩效带来的消极情绪会在组织里蔓延。

高、低绩效组织的财务收益额和企业价值增长额之间可能存在很大的差距。在特定年份中，两者的差距高达30%也不足为奇。如果高绩效组织的年均收益比低绩效组织高7%，那么在10年内，前者的收益将比后者多一倍。

　　践行七大商务习惯能够带来长期的高额财务回报，也能带来其他好处。这些好处相互联系、相辅相成，能进一步提高组织绩效，下面详细说明。

改善工作环境

　　随着七大商务习惯进一步融入组织，员工的工作环境将得到改善。制定了宏伟的愿景，真诚关心员工的组织，往往能为员工提供更加优越的工作环境。

　　为员工创造良好的工作环境应该是所有董事会成员、首席执行官和领导团队的首要目标。能够将七大商务习惯融入文化和基因的组织，将为员工提供最佳的工作环境，远远胜过那些不践行这些习惯的低绩效组织。

提高员工参与度与留任率

　　在工作中，员工渴望得到的东西很多，而且都很重要。这些重要的东西与相关商务习惯的关系，具体如下所示。

1．员工追求能够激励自己的价值观、目标和愿景。这一点与习惯一不谋而合。

2．员工希望了解自己的工作对组织的成功有何贡献，希望自己的贡献是重要的。这一点与习惯二不谋而合，即自上而下地传达清晰的战略和目标。

3．员工希望在工作中成长，充分发挥自己的才能，充分释放自己的潜力。习惯三阐释了这一点，习惯五的部分内容也说明了这一点。

4．员工希望自己所做的贡献得到认可，这是习惯四的全部内容。

5．员工希望受到关心，而不是被视为工作机器。习惯五讲述的是如何真诚关心员工。

6．员工希望成为成功组织和高绩效团队的一员，这是充分践行所有习惯的成果。

参与度高的员工希望与组织共进退，留任率自然就高。相反，如果员工没有感受到组织的关怀，没有得到组织的认可，也没有得到任何发展，他们的参与度自然就会降低，从而导致员工流动率升高，这对组织而言是一笔巨大的成本。员工流动成本包括客户关系与企业知识储备流失的成本，招聘成本，物色、评估、选拔性招聘、录用和培训新员工的时间成本，以及员工适应新工作之前的非生产时间成本。

即使将这七大商务习惯融入组织的文化和基因没能给组织带来任何明显的好处，这仍然是组织领导者应该培养的习惯。

提高客户参与度与忠诚度

践行习惯六，即聆听并满足客户需求，将提高客户的参与度和忠诚度。本书第八章阐述了高绩效组织在聆听并满足客户需求方面所做的工作，包括与客户建立关系，而不是仅仅做交易，以及打造真正以客户为中心的组织。

许多组织容易忽视的事实是，员工参与度高了，客户参与度和忠诚度也就高了。Insync Surveys的利润增长周期框架显示了这两者之间的重要联系。与低绩效组织相比，践行七大商务习惯的组织员工参与度更高。这样的组织更有可能提高客户参与度和忠诚度。

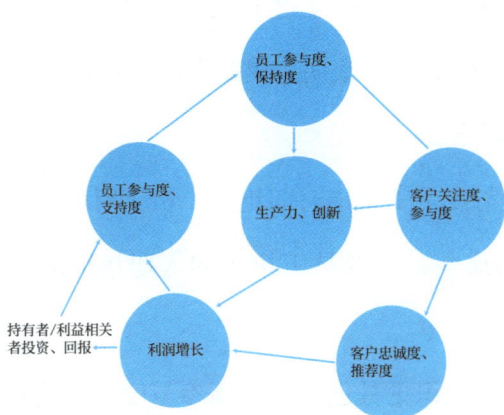

Insync Surveys的利润增长周期框架

提高生产力与推动创新

Insync Surveys的利润增长周期框架表明，员工一旦得到授权与支持（习惯一至五的内容），工作投入度会更高，工作的时间会更长，还会努力提高生产力，推动创新。

与参与度低的员工相比，参与度高的员工会投入更多的精力，付出更多的努力，更多地关注明确的战略与目标，这有助于提高组织的生产力。大量研究表明，高参与度员工较多的组织，生产力明显高于低参与度员工较多的组织。研究还表明，提高生产力能带来25%~40%的净利润增长。

高参与度员工留岗时间更长。员工留岗率越高，非生产时间成本，以及员工招聘和入职培训的成本就越低，甚至降至零。

高绩效组织更具创新力。高参与度员工擅长从客户那里获取建议。与过度关注内部因素的创新力相比，由客户需求和愿望驱动的创新力更为有力，前者是低绩效组织的特征。

增强组织韧性与变革能力

员工在具有激励人心的宏伟愿景、明确的战略和目标的组织中工作，将更能了解组织为实现愿景和战略、目标而进行变革的原因与重要性。愿景和战略、目标将为组织计划奠定坚实的基础。只要以真诚关心员工（习惯五）为基础，传达并推行战略、计划和目标变革绝非难事。

现实中不乏以"为了员工"的名义进行变革，却不让员工参与的组织。高绩效组织将韧性与变革能力融入文化和基因中，以确保轻松应对突发事件，不断适应外部环境的持续变化。

实现可持续高绩效

上述内容都是践行七大商务习惯所带来的额外好处，对于推动组织发展、实现可持续高绩效至关重要。各部分相辅相成，紧密联系。

相反，低员工参与度、高员工流失率、低客户参与度和忠诚度、低创新力以及低韧性和变革能力会形成恶性循环，低绩效组织难以扭转这一局面。

如何实现可持续高绩效，在第二章与附录二中有详细说明。

前置期

通过重新选取优先事项、改变行事方式来变革组织文化，组织需要花费大量的时间、精力和资源，且需要坚持不懈。

变革的影响不会在一夜之间就能感受到，然而，如果大型组织的领导团队付出了一定的努力，那么六个月后便足以看到明显的变革成果。在大型组织中，可持续变革可能要花上三至五年的时间。如果大型组织的各部门领导团队致力于变革，那么看到明显的可持续变革成果的时间可能会缩短。

测一测

1. 讨论践行七大商务习惯有哪些好处，并确定哪些好处与组织文化最为相关。尝试以年度财务价值为单位来衡量这些好处，并确定这些好处能带来哪些非财务利益。

2. 确定践行七大商务习惯每年需要耗费多少成本。

3. 考虑组织需要多久的前置期才能感知到预期的好处。

4. 回答上述三个问题，与领导团队讨论，七大商务习惯是否值得践行和融入。

5. 践行七大商务习惯之前，确保领导团队就上述四个问题达成共识。

第十二章

如何培养七大商务习惯

如何判断

如何才能判断组织是否培养并践行了七大商务习惯？如何才能判断组织是否建立起了建设性的文化，以支持愿景、目标和战略的实施？与骨干员工和其他员工交流，真的能得出合理的结论？

有的董事会成员、首席执行官和领导团队并不清楚他们的组织践行七大商务习惯的程度如何，只是放任组织文化自由发展。有的领导者则会就以下问题深思熟虑：塑造、形成何种类型的文化，才最有助于组织战略的成功实施？他们会持续监控组织文化的发展，评估各种行为和结果与组织愿景、战略的匹配程度，以及员工的参与度。这些测量标准中包括判断这些习惯成为组织生存方式的程度。显然，后一种领导者更能帮助组织进入高绩效状态。

有评估才有进步

定期评估事情的进度至关重要。最新的员工调查将为组织的后期进展情况确定基准线。业务部门和其他部门的经理应该为所在部门的进展负责。

半年一次的员工满意度调查，有助于有效促进工作进展，评定业绩出色的工作领域和员工，公开表彰并树立典范，同时可发现完成变革计划不力、亟待鼓励和帮助的员工。不妨将评估结果与其他组织相比较，这样整个组织都能了解自己是否与竞争对手势均力敌。

平等对待所有的变革计划

大多数组织非常善于制定计划，分配资源，建立新工厂、分支部门，或者实施其他发展计划。但也有许多组织不擅长变革，包括变革组织文化和行为规范。

组织文化的变革计划，应当与其他方面的变革计划一样，得到平等对待。具体来说，其主要实施以下步骤。

1．评估并理解组织的现状。

2．勾勒组织的理想蓝图。

3．设计有说服力的变革计划，并且用强有力的案例来支持。

4．获得领导团队对该变革计划的全力支持。

5．制定详细计划，分配任务，并恰当地分配资源。

6．执行计划。

7．定期评估进展情况，做出必要的调整。

只有领导团队齐心协力地执行计划，监督计划顺利完成，组织文化变革才能成功实施。如果领导团队对为实现理想而进行的必要变革既没有诚心，又没有决心，那么变革计划很可能会落空。即便形势乐观，变革也会变得漫长而艰辛。

为实现变革，领导团队应该给出一个清晰而有说服力的案例，这样才能向员工持续传达变革的理由与益处。进行此类重大变革时，领导团队不能表现得缺乏信念，传递的信息不能杂糅不清，否则会产生难以预料的后果。

也要使用右脑

大多数首席执行官习惯用左脑思考，他们思维简明，条理清晰，擅长为目标寻找论据，进行推理。

如果这一类型的领导者能多用右脑，增加一点感性的东西，组织会受益良多。为新项目和变革计划寻找说服力强的理性案例固然重要，但给出感性而触动人心的案例的重要性，丝毫不弱于前者。如果出色地落实了习惯一，组织的宏伟愿景就能实现。变革计划应该阐明变革对于实现宏伟愿景的重要意义。就像我们一再强调的，如果变革计划中包含制定宏伟愿景，那么这正是吸引员工帮助制定激励人心的愿景的良好时机。

员工还会从中发现价值和使命。如果变革计划与他们的内心想法一致，并且能够唤起他们增强与组织联系的渴望，组织就能获得更多支持，员工也更有可能成为满怀热情的支持者，而非心不甘情不愿的服从者。

要善于使用右脑

严格执行计划

完成员工一致性和参与度调查，或者员工满意度调查之后，领导团队应该决定焦点问题解决小组是否需要追根溯源，进一步解决调查中发现的相关问题。领导团队应该已经就理想的未来状态达成了共识，而员工满意度调查和焦点问题解决小组能帮助他们就组织的现状达成一致意见。

领导团队应该聚在一起，开展行动计划研讨会，确定优先级别较高的事项，帮助增强员工一致性和提高员工参与度，进一步将七大商务习惯融入组织。行动计划中应该确定每个优先事项的负责人、时间安排和资源分配。负责人应该严格执行分配给自己的任务，并且知道六个月后如何进行新一轮的员工满意度调查，以进一步评估工作进展。

让员工加入变革计划

触动员工的心灵，会让他们一起加入变革计划。在这段旅程中，员工的参与度越高，投入的越多，与计划的联系越紧密，实现组织理想的可能性就越大。

组织需要做的是不断地交流。领导团队需要大力支持变革计划，参与项目的其他人员也应该确定下来，并且让他们也支持变革计划。领导团队及下属应该定期开会，讨论进展情况，更新变革计划。在领导展现自己对变革的信念和支持的同时，其他员工会更愿意跟随领导者，加入这段旅程。

让员工加入变革之旅

认可并公开表彰组织成就

领导者应该抓住一切机会公开表彰组织成就，并找出变革计划实施中的障碍和困难，通过学习榜样来跨越障碍，改掉坏习惯。

在实施变革计划的过程中，个人、业务部门、其他部门乃至整个组织会创造很多成就。这些成就应该在部门乃至整个组织内得到认可和公开表彰。在新习惯成为组织的生存方式的同时，认可并公开表彰员工也应该成为组织的生存方式。领导者应该对其进行公开表彰，但是随机表扬员工和团体的成绩也十分重要。

招聘有良好习惯的员工

人人都有习惯，或好或坏，并且很难改变。有时，我们甚至意识不到自己有某种习惯，因为它已经根深蒂固，成为我们的一部分。

七大商务习惯都是好习惯，应该加以巩固，使之成为组织的工作方式。如果首席执行官和高管有坏习惯，会迅速影响并妨碍组织发展建设性文化以及养成好习惯。如果组织内的基层员工有坏习惯，也会给组织文化带来负面影响，尽管其程度比高管带来的稍低。

领导者需要清楚哪些愿景、目标、价值观对组织未来的成功而言必不可少。在遴选新员工时，领导者应该确保其不仅具备岗位所需的能力和技术，而且拥有与组织愿景、目标和价值观相契合的习惯。如果录用的员工能力出众，技术一流，工作习惯却很差，也会引起很多麻烦。

许多领导者认为，将坏的工作习惯改好比传授新技能困难得多。这也是最为成功的组织在招聘过程中高度强调价值观以及七大商务习惯的原因。

坚持到底——顺利通过

开展文化变革计划，将新习惯融入组织文化和基因中可能会花费好几年的时间。为了真正将新习惯融入组织，领导者需要坚持不懈地学习、交流、传授。正如一位高管所言："领导者需要一周七天，每天24小时不间断地学习、练习这些习惯。要坚持不懈，极微小的偏移，都可能让坏习惯乘虚而入，产生让人无法承担的后果。一个小错就可能让组织几个月甚至多年的努力付诸东流。"

文化变革的顺利完成需要有决心、耐力和韧性。疲于改变是正常现象，一些组织因为一些反对意见或早期未见成效就停下了变革的脚步，甚至直接放弃。领导者需要在支持这项事业的同时，计算潜在成本，吸引领导团队加入，并且坚持不懈地展现决心。

不断提高标准

将七大商务习惯融入组织是一场没有终点的旅程。没有组织能够将这7个习惯一劳永逸地融入组织文化和基因之中。组织里总会出现新的计划和可以改进的地方，具体到业务部门、其他部门或分公司也是如此。

员工定期流动，经济快速发展，世界的联系日益紧密，全球化步伐加快，技术和社交媒体竞争加剧、日新月异……这意味着各行各业中存在更加进步的方法，等待着我们去发现，用以传达、学习这七大商务习惯，并将其融入组织文化。

如果某组织位列地区前五，那么可以确定，排在它后面的二三十家企业都在为取代它而相互竞争，更不必说还有全国乃至全球数不清的竞争对手了。它们中有一部分会制定计划，打进该地区市场，甚至想要独占鳌头。如果不提高自我要求，该组织就会被竞争对手迅速超越，因为它们在组织内大幅提高了标准。

测一测

1. 不要假定一切都好——评估七大商务习惯融入组织文化的程度。

2. 像对待其他变革计划一样对待培养七大商务习惯的过程。

3. 与员工建立情感联系，引领他们加入变革的旅程；继续寻找新的方式方法，让领导团队和下层员工支持七大商务习惯；交流这些习惯的重要性，并坚定自己对这些习惯的信念。

4. 认可并公开表彰员工一路走来取得的各种成就。

5. 不断提高标准，以继续推进这段永无止境的旅程。

第十三章

为何不践行七大商务习惯的领导者如此之众

相关问题

如果领导者清楚，通过践行七大商务习惯，组织更有可能实现可持续的高绩效，那么，为什么没有践行这些习惯的领导者仍然不在少数呢？这些习惯既不新奇，又不神秘，为什么在实践中它们看起来却如此难以捉摸，如此鲜为人知呢？我们要如何才能改变这种情况？为什么组织没有践行这些习惯？如果组织已经践行了部分习惯，为什么没有全部践行，或者为什么没有努力加深这些习惯融入组织文化的程度？本章将回答这些问题。

速成法与新潮流

为了迅速增加组织收益，许多高管不断寻找新的速成法，追赶新潮流。虽然这些高管定期实施许多不同的新速成法，但都不能坚持下去。找寻新速成法的部分原因是组织面临着双重压力——既要报告年度业绩提升的情况，又要报告短期业绩持续提升的情况。

实施新潮流速成法能让一些高管感到刺激，但这种行为向员工传递了负面信息。

员工追求的是稳定性和可预测性，如果高管总是改变核心和优先的事项，员工难免会注意力分散，感到不安。如果领导者的计划总是飘忽不定，就不大可能实现可持续的高绩效。

旧习难改

改变旧习惯可谓难于登天，年龄越长越是如此。有些人愿意接受改变、发展和改进，但大多数人并不乐意。

组织由员工组成，因此改变组织习惯和文化（指的是"我们在组织里的行事方式"）比改变个人习惯要困难得多。改变组织习惯需要改变众多员工的习惯。改变组织习惯需要领导者有决心和韧性，提供理智与情感并存的令人信服的变革方案，让员工积极参与，愿意推行变革。这些行动上的困难可能会持续很长时间，产生很大的阻力，这也是为什么很少有组织能够改变旧习惯。

晓之以理，动之以情

推行变革时，许多组织效率低下，原因是它们只制定了理性的变革方案，却从未与员工建立情感联系。这些组织从未激发员工的情感，让他们衷心希望推行变革。

一位知名的跨国组织董事长说过，自己曾经百思不得其解，为什么新首席执行官明明睿智过人，聪明能干，工作上却没有表现出他预想的高效率。这位董事长后来得出结论，新首席执行官无法与组织员工建立充分的情感联系，因为他"不爱他的员工"。新首席执行官只将员工视为工作机器，员工意识到这一点后，情感上便不再支持他了。

无法与员工建立情感联系的首席执行官和高管，是肯定无法成功践行七大商务习惯的。

有些组织能完美地适应变革，但大多数组织都排斥变革。许多员工不愿意改变工作方式，或积极或消极地抵制变革。他们会立刻指出，既然组织赢利能力强，为什么还要变革呢？同样，既然领导者完成了分公司或部门的预算任务，为什么不能以自己的方式工作呢？许多老员工坚持自己的工作方式，对任何新的变革举措及其效果都持怀疑态度。他们会说自己之前已经看过太多失败的变革了。

不是所有员工的思维模式都能轻易改变，虽然有些员工会与领导团队共进退，但很多情况下并非如此，与不愿意接受组织变革的员工分道扬镳通常会更好。不幸的是，大多数组织都会允许这样的员工留下来，而这往往会破坏领导团队的努力和团结。

缺乏责任感和信念

如果管理团队缺乏对组织重要文化变革计划的责任感和信念，那么这些变革计划将毫无意义。如果对组织变革真正有信念，那么在面对任何反对、阻碍以及早期挫折时，领导者都会加倍努力——他们知道这些困难终将被克服，一定要战斗到底。

七大商务习惯不能浅尝辄止，试行一段时间便放弃。如果组织有坚定的责任感和信念，七大商务习惯将会深深融入组织的文化和基因中，它们的身影将随处可见。首席执行官和领导团队需要持续支持变革，并展现自己对变革的坚定信念。

此外，七大商务习惯不是一盘大杂烩，领导者喜欢某一习惯便随意捡起——七大商务习惯相互联系，只有开启七大商务习惯践行之旅，持续提高与七大商务习惯相关的标准，可持续高绩效的好处才能全部显现出来。

自我、贪婪和自恋

许多领导者往往过于热衷为自己和组织赚钱，从而看不到组织正在发生着何种深刻的变化。经济繁荣时，水涨船高，那些本有可能陷入困境的船只也会随之升高。随着组织越赚越多，许多领导者会迅速将盈利增多归功于自己的才智，而不是员工的努力，或者经济繁荣带来的物价上涨和需求增加。这些领导者很容易忽略潜在危机，拒绝变革。

以自我为中心的领导者不太可能认可习惯一、三、四或五的重要性。他们很难与员工建立任何情感联系，使提高员工参与度，降低员工流动率，激励员工投入更多精力等目标无法实现。许多首席执行官只顾自己，贪心不足蛇吞象，最终没能挺过全球金融危机。不幸的是，他们所在的组织和第三方同样在劫难逃，不得不面对金融危机带来的严重后果。

缺乏对人类潜能的内在信念

许多人对其他人的潜力有内在信念，总是尽量帮助他人发挥潜能。他们乐于鼓励、支持和敦促他人取得更多的成就。这些人更有可能希望培养自己的员工（习惯三），并且真诚关心员工（习惯五）。他们还会认可自己的员工所取得的成就（习惯四），并鼓励他们瞄准更高的目标。

也有一些人不相信或看不到他人的潜能，对他人是否能发挥潜力不感兴趣。这些人观念陈旧保守，很难改变。他们不太可能注意培养员工、认可员工的成就以及真正关心员工。他们也不太可能认为有必要制定能够激励员工的组织愿景。

测一测

1. 与领导团队讨论践行七大商务习惯可能会面临哪些阻碍。

2. 制定战略和策略，扫除那些阻挡七大商务习惯成为组织生存方式的障碍。

3. 与领导团队一起传达典型案例，解释为何践行七大商务习惯对组织而言至关重要。

4. 无论面临多大的反对、阻碍和早期挫折，领导者都需要加倍努力，永不言弃。

第十四章
优秀领导力的重要性

不仅仅锻炼人力主管

有些领导者误以为奠定文化基调不是自己的责任，所以就将这一职责，连同其他人事工作，交给了人力资源主管。他们本应负责将七大商务习惯融入组织结构、文化和基因中，却把这一责任转移了出去，没有意识到组织的文化和基调是从顶层董事会发源的，然后将其传达给首席执行官和高管团队，继而传播到整个组织。

有责任心的董事和首席执行官能够理解他们需要对组织的文化建设全权负责，他们会主动学习实现组织长期成功所必需的价值观和行为，并且以身作则，树立榜样。高管团队会向首席执行官学习，员工会向高管团队和首席执行官学习。首席执行官和高管学习的行为必须是恰当的行为。

领导者塑造文化

领导团队应该一日三省，以学习和塑造某种形式和风格的文化。

无论领导者是否喜欢，他们的作为都会直接展现出来，并且影响组织文化的塑造和形成，员工也会向他们学习。领导团队应该清楚了解，为实现长期目标，组织应该树立哪些价值观。他们也应该清楚自己成为践行组织价值观的榜样，引导组织践行价值观时，如何有所为，有所不为。

领导者要号召领导团队所有成员齐头并进。支持并学习组织价值观、行为和习惯虽然耗费时间，却是一项重要投资。如果有些领导者践行了某些价值观和习惯，而其他领导者的行为恰恰相反，员工就会对究竟什么样的行为才是恰当的感到迷惑。在高绩效组织中，不仅领导者，普通员工也能批评任何一位没有践行共同价值观或习惯的领导者或员工。

领导者必须言行一致

倘若领导者言行不一，员工只学习其行为而不听信其言论，也就不足为奇了。优秀的领导者能够完全做到言行一致。他们明白，以身作则与口头传达得当行为，有同等的重要性。

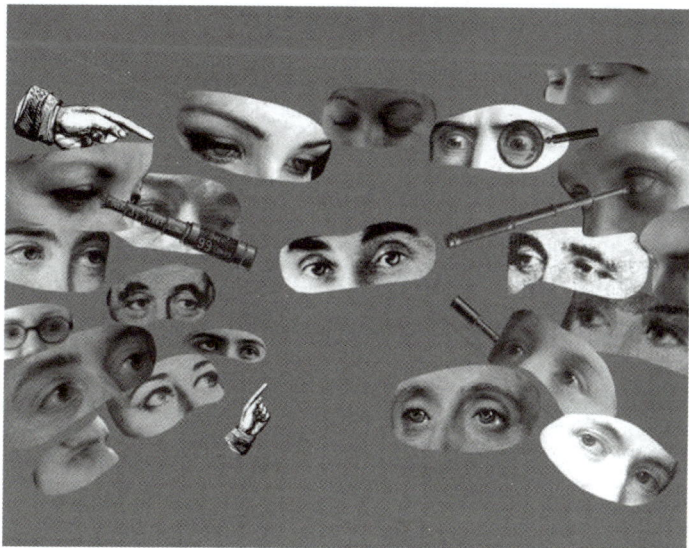

员工一直在观察领导者

对领导者而言，将习惯四（放下架子，认可员工）融入组织文化和基因中的最佳方法，就是以身作则，主动养成这一习惯。只有这样，领导者才有理由期待员工养成同样的习惯。教育员工要认可和感谢他人的付出，自己却做不到的领导者会失去公信力。

领导者的启发

优秀的领导者会和员工建立理性联系及感性联系。这样的领导者能够向组织传达激励人心的宏伟愿景，他们理解自己的行为必须严格遵循最高标准，因为员工一直在观察和学习他们。他们不会犯一丝一毫的小错，以防止自己的努力付诸东流。他们始终如一，因此可以成功预测未来。

优秀的领导会主动培养七大商务习惯。他们带领组织实现宏伟愿景；传达清晰的战略和目标；培养员工；放下架子，认可员工；真诚地关心员工；聆听并满足客户的需求；不断改进组织系统。

领导设置清晰的方向

《一分钟经理人》的作者之一肯·布兰查德曾为本书作者的处女作写序，他说："首先，领导必须指明方向。如果你没有让员工明白公司的前进方向和工作要求——或者说，你的长期方向、目标、战略以及价值观不清不楚——那么你这个领导也就毫无用处。组织的效益和员工满意度都高不了。"如果连领导者都不能或者不愿为组织指明长期方向、目标、战略和价值观，谁又会来承担这个责任呢？

优秀的领导者不仅会确保组织拥有明确的长期方向、目标和战略，而且会确保员工认可、支持、拥护这一方向、目标和战略。他们在制定宏伟愿景阶段会邀请所有员工或员工代表，以确保宏伟的愿景得以制定和实现（习惯一），然后要保证其他事项都和愿景保持一致。确保组织坚持传达和支持愿景，将愿景、战略及商业计划联系起来，研究为何决策和行动对实现愿景如此重要，都能确保愿景和战略成为组织的生存方式。

真诚至上，服务第一

多数员工的感觉非常敏锐，甚至能觉察出一千米以外的骗子。

如果员工感受到首席执行官或高管只顾自己的感受，把员工的要求和感受放在第二位，那么员工就不会支持这样的首席执行官或高管制定的目标。

真诚的领导者都品行端正，为人正直，坚持践行组织的价值观，真诚地关心员工。

一位经验丰富的澳大利亚董事经常说，自己的主要任务就是尽其所能地培养、支持、敦促、鼓励首席执行官，帮助他在成长、发展、践行职责方面更进一步。这和其他董事的想法有所不同。后者认为首席执行官的主要职责是为董事的愿望服务，听从他们的指令。显然，董事会需要第一种类型的董事。

真心为员工着想的领导者会放下架子，尽其所能地培养员工，帮助他们提高效率。这类领导者带领的团队的参与度和生产力都会更高，因为他们主动付出了更多的精力和注意力，自然会得到相应的回报。

许多领导者在顺境中表现良好，态度端正，但在逆境中，工作方式、重点和行为都变了样，这是很糟糕的。真正奉行"真诚至上，服务第一"的领导者，无论在顺境还是逆境中都会坚持自己的行为和想法。

测一测

1. 在很大程度上，组织文化和员工习惯取决于领导力和信息传递，确保领导团队完全理解这一点。

2. 让领导团队成员相互监督，成为言出必行的典范。

3. 让领导团队成员不断挑战自我，鼓励他们传达更加明确，更加激励人心的信息。

4. 与领导团队讨论他们为员工服务的程度，以及他们是否需要做出改变。

第十五章

组织七大商务习惯测试

作为管理者，我们倾向于认为，组织的愿景能激励员工，组织的所有战略能明确传达给员工。我们也倾向于认为，大多数（甚至全体）员工与我们的观念一致。然而，即便是高绩效公司的员工，也没有像大多数领导者所期望的那样，非常乐观地看待七大商务习惯的融入程度。这通常是因为领导者虽然传达过组织的愿景和战略，但仅传达了一两次，还有许多其他消息穿插其中，让员工感到困惑不解。

如果组织将这七大商务习惯当作真正的生存方式，而不是前后不一或临时抱佛脚，员工便会更加支持组织践行它们。实现宏伟愿景，意味着时时参照该愿景，并将其与所有重大项目、计划和决策联系起来，组织的主要战略也应该如此。如果领导者及其团队所有员工都将一些习惯视为组织的习惯，那么也需要长期践行。

附录三中的测试，要根据自己所在组织践行七大商务习惯的程度来完成，需确定以下两点。

1. 同意或非常同意与某条习惯相关的陈述的员工占比。

2. 在两年时间内，希望同意或非常同意上述陈述的员工占比。

如果调查结果中的百分比低得让人惊讶，不必感到失望，因为很多企业都是如此。大多数领导者之所以感到惊讶，是因为他们对自己所在组织的期望过高。

如果领导者想为组织践行七大商务习惯的程度以及与其他组织的对比程度设立一个基线的话，可以联系Insync Surveys。了解员工对商务习惯的实际认可程度后，领导者可能会希望确定一个"理想"的员工认可百分比。

愿您顺利解决践行七大商务习惯之旅中所面临的挑战，提高标准，实现组织的可持续高绩效。

附录一　有关 Insync Surveys 的调查

支撑本书观点的研究数据取自Insync Surveys的一致性与参与度调查（前称组织一致性调查）。本研究选取的数据来自约200个组织的10万名员工的反馈信息。这些组织规模不一，小到只有50名员工，大到拥有1万名员工，并且涵盖了大多数行业领域，如制造业、金融服务业、零售业、媒体行业、体育行业、交通行业、教育行业、医疗保健行业、政府和社区服务行业等。

一致性与参与度调查列出了所有能提高绩效的因素，包括长期发展方向、领导力、团队效率、绩效关注度、人力投资、系统投资和员工参与度。这项调查有91组基准陈述，采用李克特七级量表，员工对每项陈述进行打分，其中1分表示非常不同意，2分表示不同意，3分表示有点不同意，4分表示既不同意又不反对，5分表示有点同意，6分表示同意，7分表示非常同意。

研究方法

本研究的初衷是分析员工对"本组织致力于提高绩效"这一陈述的反馈，统计员工给各个组织在这一调查陈述上打出的分数，然后取平均值，得出的结果是，最低平均值为4.5分，最高平均值为6.2分。

接下来的步骤如下。

1. 按平均值从高到低排序。

2. 将这些组织分为四组。其中排名前四位的为高绩效组织，排名后四位的为低绩效组织。

3. 统计员工给各组织在剩余90项陈述上打出的分数，并取平均值，通过对比高、低绩效组织之间的平均值，确定哪些陈述最能区分组织绩效高低。

通过对比平均值，有12项陈述最能反映组织绩效高低，然后利用 *t* 检验对这12项陈述进行分析，以检测高低绩效组织的差异程度。每项差异对比均具有统计学意义。

随后，将这12项陈述分为七类最能区分高、低绩效组织的主题。本研究将这七个主题称为习惯，有证据表明，对于高绩效组织而言，这些主题是重复发生且不断增强的行为模式。

高、低绩效组织的最大差异

调查中使用的陈述不同，高绩效组织的得分也不同，范围为4.85~6.05分，而低绩效组织的得分范围为3.69~5.06分。高、低绩效组织得分差值为0.97~1.25分。

虽然Insync Surveys的调查用员工给分的平均值来确定哪些陈述最能区分高、低绩效组织，但本书强调的是每项陈述的分值分布情况。经验表明，相较于平均值，大多数人更容易理解分值分布情况。下列对比图显示在12项调查陈述方面，员工对高绩效组织（HPO）与低绩效组织（LPO）的满意百分比（即给分为6分或7分，右侧区域）、不满意百分比（即给分为1分、2分或3分，左侧区域）及中立百分比（即给分为4分或5分，中间区域）。

习惯一：践行宏伟愿景

我们的高层领导团队制定的组织愿景激励了我

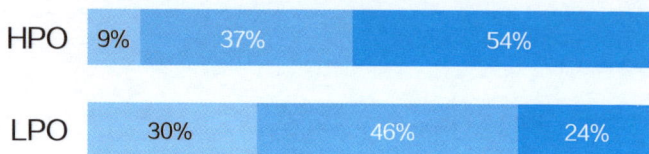

HPO	9%	37%	54%
LPO	30%	46%	24%

习惯二：清晰传达战略和目标

组织清晰地向我传达了总体战略

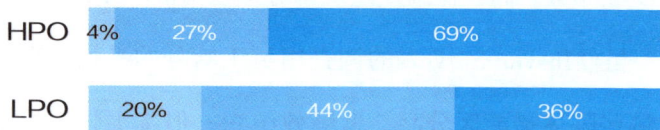

HPO	4%	27%	69%
LPO	20%	44%	36%

有需要时，我很容易就能查到组织的目标列表

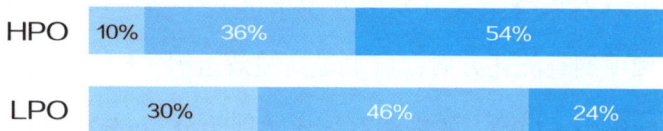

HPO	10%	36%	54%
LPO	30%	46%	24%

习惯三：培养员工

本组织制定了有效的计划以培养和留住员工

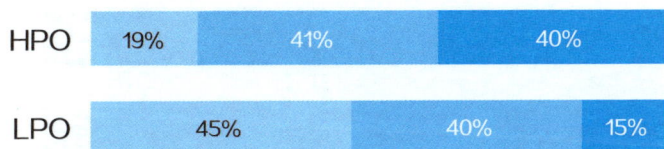

| HPO | 19% | 41% | 40% |
| LPO | 45% | 40% | 15% |

本组织致力于确保人才都能得到提拔

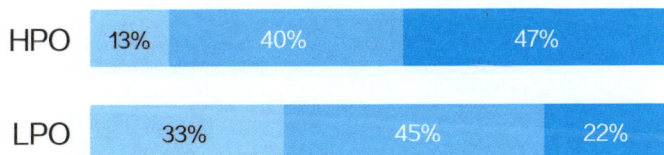

| HPO | 13% | 40% | 47% |
| LPO | 33% | 45% | 22% |

习惯四：放下架子，认可员工

本组织的高层领导团队愿意放下架子，认可并感谢员工的贡献

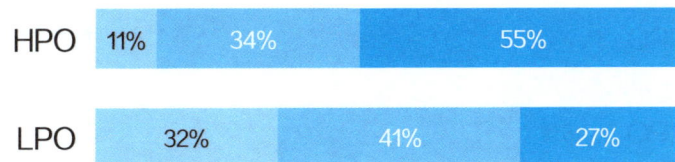

| HPO | 11% | 34% | 55% |
| LPO | 32% | 41% | 27% |

习惯五：真诚地关心员工

组织很关心我，对我很用心

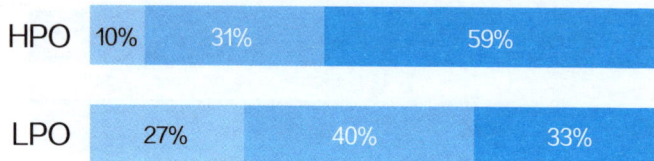

HPO | 10% | 31% | 59%

LPO | 27% | 40% | 33%

家人和朋友求职时，我愿意向他们推荐我所在的组织

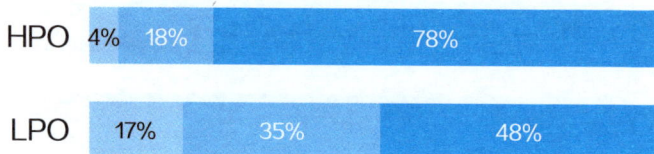

HPO | 4% | 18% | 78%

LPO | 17% | 35% | 48%

习惯六：聆听并满足客户需求

本组织致力于维持客户的长期忠实度

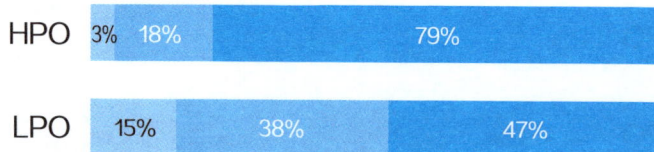

HPO | 3% | 18% | 79%

LPO | 15% | 38% | 47%

本组织的系统能让我们为客户提供优质服务

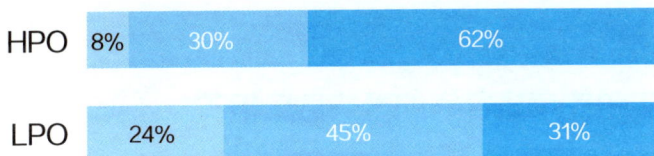

HPO　8%　30%　62%

LPO　24%　45%　31%

习惯七：持续优化组织系统

本组织一直坚持优化系统

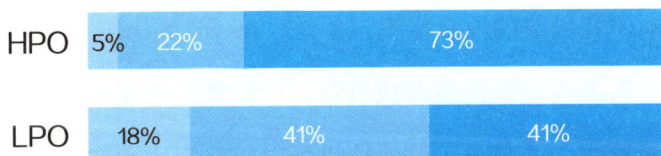

HPO　5%　22%　73%

LPO　18%　41%　41%

本组织尽力确保各系统配合良好

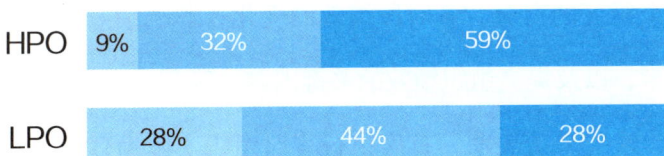

HPO　9%　32%　59%

LPO　28%　44%　28%

员工和首席执行官的看法息息相关

　　该研究分析并报告了员工对组织致力于提高绩效的看法。研究表明，预期绩效与实际绩效之间联系紧密。虽然Insync Surveys没有系统分析或确认这一点是否适用于本研究涵盖的所有组织，但是，Insync Surveys采访了10个高绩效组织的首席执行官，了解他们对组织实际绩效的看法，并与员工的看法进行对比，努力研究其中的关联。采访涉及八个主题，包括整体表现，平衡计分卡每个维度的得分，各时段绩效的变化，影响绩效的环境因素，以及提高组织绩效的关键因素，等等。

　　这些采访表明，首席执行官对组织实际绩效的分析与员工的看法之间存在很强的关联性。虽然采访的时候，所有的首席执行官都不满足于自己组织取得的成就，但他们普遍认为，组织发展一直很顺利，胜过大多数同行。

附录二　Insync Surveys 高绩效框架

　　来自约200个组织的10万名员工参与了Insync Surveys设计的员工一致性与参与度调查。本书的研究就基于这一调查结果。

　　一致性与参与度调查是世界一流企业使用的可持续高绩效评估方法，调查问卷的框架设计基于丰富的管理学依据。研究显示高绩效的两个最重要驱动因素为组织一致性和员工参与度。日常工作、组织战略和目标以及员工积极参与之间的高度一致能够实现可持续高绩效，这一关系如下一页中的框架图所示。

　　在开展一致性与参与度调查前，领导者要注意思考一下组织在这一框架图中处于什么位置，许多领导者都觉得这一步十分有效。有的组织还会让领导者判断他们希望组织在未来（比如三年内）会到达图中的什么位置。您认为自己所在的组织当前处于图中的什么位置呢？您觉得在一年半以后，您所在的组织应该处于什么位置呢？要帮组织改变现状，需要做些什么？是否值得为提升组织在图中的位置付出努力？

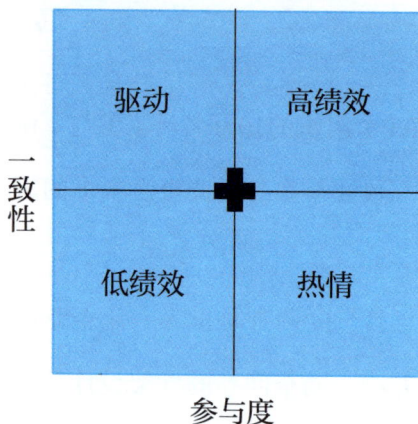

一致性和参与度框架

一致性和参与度

高绩效组织的系统、流程、部门、员工和客户都能与组织愿景、目标和战略计划保持一致。员工知道组织前进的方向、组织存在的意义、组织的主要目标分别是什么，以及他们各自的工作能为实现主要目标做出怎样的贡献。各部门、各层级、各岗位都会参与到实现组织愿景与主要目标的工作中来，并主动付出额外的努力。

　　Insync Surveys框架的评估标准包括七项一致性因素和一项参与度因素，主题是激励、执行和参与。每个因素对实现可持续高绩效都非常重要，并且就组织在相关领域内的执行力是否达到最佳水平这一问题，征求员工的看法。重要的一致性标准贯穿于所有因素，用以评估组织的活动、行为和结果与长期目标的相关程度。

激励

　　长期发展方向——组织是否阐明了总体政策？员工是否能理解这一信息？组织是否将重大变革和重要发展的信息传达给了员工？组织是否清楚阐明了如何实现目标？

　　高层领导——高层领导团队是否展现出了最佳领导力？是否激励员工努力工作，实现组织目标？他们是否愿意接受反馈？是否鼓励创新，认可员工贡献，充分利用员工的才能？

执行

领导团队——高管是否以身作则？他们值得信任吗？他们是否建立了良好的团队合作关系？是否能顺畅沟通？是否重视员工提出的建议？他们是优秀的教练和导师吗？他们关心员工的工作满意度吗？

团队效率——工作团队为提高生产率，挑战更高的目标付出了多少精力？是否公开表彰团队取得的成就？他们能巧妙应对变化，建立强大的客户服务文化吗？他们是否常常将自己的行动和计划做比较？如果计划未完成，他们是否会加快行动？

关注绩效——组织是否以外部环境为导向？例如，是否乐意接受新思想，做决策时以客户为先，使用有助于员工实现客户承诺的系统？以外部环境为导向的组织在多数生产率指标上都优于同行。外向型政府、非营利性组织和垄断组织也会因此受益，即使这三类组织的竞争对手、市场和产品大为不同。

投资员工——员工是否获得了应有的培训？他们的才能和潜能是否得到了充分发掘？组织内是否建立了有效的表彰奖励系统？绩效评估是否能够提高员工的效率？组织是否关心员工？是否能确保员工可以平衡好工作与生活？

投资系统——组织系统是否提高了员工的工作能力？员工就信息技术系统提出的问题是否得到妥善解决？各部门是否提供了良好的客户服务？

参与

参与度——员工对组织尽了多少责任？他们的行为是否符合并提升了组织的最大利益？他们是否投入组织工作？组织努力实现的目标是什么？实际上，参与度因素评估的是员工心、脑、手的投入程度。心是指员工与组织之间积极的情感连接，脑是指员工对组织的积极想法，手是指员工主动付出更多的精力。

一致性和参与度调查能找出阻碍组织实现目标的因素，让领导者发现问题所在，从而了解应该采取什么行动改善情况。该调查适用于并且已应用于各种类型、各种规模的组织，包括商业组织、非营利性组织和政府组织。

附录三　组织七大商务习惯测试

如果您所有的员工参与下列测试，1分表示非常不同意，7分表示非常同意，您最终会得到什么结果？您觉得填写6分（同意）和7分（非常同意）的比例有多少？您觉得在两年内，这一比例会如何变化？

如果实际比例比您的理想比例要低，您会怎么做以确保七大商务习惯更深刻地融入组织文化和基因中？

您所在的组织上次让员工对这些重要问题进行评估是什么时候？大多数管理人员会高估员工的评价，这不足为奇，因此定期进行员工调查，了解真实情况，是十分重要的。

表述	您的估计	理想情况 （例如，两年内）
我们的高层领导团队制定的组织愿景激励了我		
组织向我明确传达了总体战略		
有需要时，我很容易就能查到组织目标列表		
本组织制定了有效的计划以培养和留住员工		
本组织致力于确保人才都能得到提拔		
本组织的高层领导团队愿意放下架子，认可并感谢员工的贡献		
组织很关心我，对我很用心		
家人和朋友求职时，我愿意向他们推荐我所在的组织		
本组织致力于维护客户长期忠诚度		
本组织的系统能让我们为客户提供优质服务		
本组织一直坚持优化系统		
本组织尽力确保各系统配合良好		

注意填写6分或7分的比例